诗人与诗

陆游

但悲不见九州同

翟玉梅——编著

河海大学出版社
HOHAI UNIVERSITY PRESS
·南京·

图书在版编目（CIP）数据

陆游 : 但悲不见九州同 / 翟玉梅编著. -- 南京 : 河海大学出版社, 2021.10
（诗人与诗 / 李路主编）
ISBN 978-7-5630-7118-0

Ⅰ. ①陆… Ⅱ. ①翟… Ⅲ. ①古典诗歌－诗集－中国－南宋②古典散文－散文集－中国－南宋③陆游（1125-1210）－人物研究 Ⅳ. ①I214.422②K825.6

中国版本图书馆CIP数据核字(2021)第153817号

丛 书 名 / 诗人与诗
书　　名 / 陆游：但悲不见九州同
LUYOU:DAN BEI BUJIAN JIUZHOU TONG
书　　号 / ISBN 978-7-5630-7118-0
责任编辑 / 毛积孝
丛书主编 / 李　路
特约编辑 / 张　堃
特约校对 / 王春兰
装帧设计 / 刘昌凤
出版发行 / 河海大学出版社
地　　址 / 南京市西康路1号（邮编：210098）
电　　话 / （025）83737852（总编室）
/ （025）83722833（营销部）
经　　销 / 全国新华书店
印　　刷 / 三河市元兴印务有限公司
开　　本 / 660毫米×960毫米 1/16
印　　张 / 13
字　　数 / 172千字
版　　次 / 2021年10月第1版
印　　次 / 2021年10月第1次印刷
定　　价 / 69.80元

目录

陆游生平与创作

陆游诗

陆游词

陆游生平与创作

生平：铁骨铮铮，壮志未酬

少年立志

陆游，字务观，号放翁，爱国主义诗人，“中兴四大家”之一。陆游出生在一个动乱的年代，当时的宋朝虽然经济文化发达，但是外患丛生，东北方向的敌人是契丹部族的辽国。宋徽宗赵佶是一位昏庸的统治者，每年向辽国奉上大量的白银和布匹求得边境的安宁。12 世纪初，女真部族兴起，国号为金。他们骁勇善战，有很大的野心。女真与北宋订立合约，共同破灭辽国。公元 1125 年，就在陆游出生的这一年，女真灭辽，北宋收复了燕山府。但女真的野心不止于此，他们的统治者看到北宋政权已经腐朽到了极点，下一步的目标就是消灭宋朝。当年他们订立了作战计划，十月份开始进攻宋朝都城汴京。陆游出生于十月十七日，因此，刚出生的陆游就开始了躲避战乱的生活。

陆游生活在一个封建官僚兼知识分子家庭，高祖父陆轸在宋真宗祥符年间以进士起家，官至吏部郎中、直昭文馆。曾祖父陆珪曾任国子博士，赠太尉。祖父陆佃官至尚书左、右丞，赠太师，楚国公，学识渊博，为人正直，是一位经学家，著有《礼记新义》《春秋后传》等。父亲陆宰是一位德高望重的学者，曾任淮南转运副使、京西转运副使等职。陆游家里的藏书达 1.3 万卷，经、史、子、集，应有尽有。

陆游 1 岁时，金兵第二次南侵，分东、西两路军队合围汴京。徽宗、钦宗束手就擒，做了俘虏。1127 年，北宋王朝灭亡。陆宰当时任京西转运副使，负责对外作战的后勤任务，后因徐秉哲的谗言而被免职。此时陆宰已经 50 多岁了，面对政局，他无能为力，于是回到故乡山阴，决心不再做官，专心读书、教子。陆宰虽然已经辞官，但是仍然心系朝廷，当他听到宋朝当权者在金兵压境面前不断退让的消息时，十分痛心，默默流下热泪，甚至因此吃不下饭。陆游看着父亲终日忧国忧民，心中充满了敬佩之情。在父亲的影响下，年少的陆游开始关心国家命运，父亲也经常给他讲解当时的时局。

陆游的老师曾几对陆游的思想影响也很大。曾几诗歌风格清新，语言流畅，是“江西诗派”的后继诗人。在陆游 18 岁的时候，曾几登门拜访陆轸，陆游早已听闻曾几的盛名，十分崇拜他的学识，于是拜他为师。曾几也十分看重陆游，用心教导。此时，曾几已经 59 岁了，不久他们成了忘年交。陆游经常向曾几请教作诗方法，他曾写道：

忆在茶山听说诗，亲从夜半得玄机。
常忧老死无人付，不料穷荒见此奇。
律令合时方帖妥，工夫深处却平夷。
人间可恨知多少，不及同君叩老师。

在父亲和老师的影响下，陆游对收复燕云十六州有着强烈的愿望。

科举之路

公元1140年，陆游第一次来到都城临安，参加科举考试，可是考试失利了。三年后，陆游第二次来临安考试，他的诗作在当时已经小有名气，但仍是名落孙山。失败的原因在很大程度上跟陆游的政治立场有关，陆游的家族极力反对秦桧，陆游本人对他更是深恶痛绝。当时金兵入侵，政局跌宕，朝廷官员分为两派，一派是主战派，一派是投降派。投降派被秦桧操纵。1138年，秦桧任宰相，他的主要政策就是支持议和，对敌屈服。1141年，秦桧将抗金大将张俊、韩世忠、岳飞的军队全部改成御前军，之后，又罢免了张俊、韩世忠的官职，杀害了岳飞。秦桧与金国签订“绍兴和议”，对金国称臣。这件事对陆游的打击非常大，他在多首诗篇中反对投降求和，表达对秦桧的愤恨。陆游如此张扬的态度必然会引起考官的注意，考官不敢得罪秦桧，当然也不会让陆游通过考试。陆游并没有屈服，他明白自己北伐抗金、收复中原的理想抱负需要通过科举考试来实现。1153年，陆游参加第三次科举考试。他没有向权势屈服，依然在考试中表明自己北伐的决心。所幸这次陆游遇见了一位有良心、有眼光、有胆量的主考官——陈之茂。陈之茂十分惜才，不害怕得罪秦桧，他看到陆游的试卷，拍案叫绝：真是个有才华、有血性的人啊！于是他大笔一挥，把陆游排在第一名，秦埙排在了第二名。秦埙是秦桧的孙子，这样的结果使得秦桧大怒。次年（1154），陆游参加礼部考试，秦桧指示主考官不得录取陆游。但是礼部官员并没有听从秦桧的命令，陆游还是以第一名的成绩进入殿试。秦桧对皇帝说陆游“喜论恢复”，影响政局的稳定。宋高宗软弱无能、苟且偷安，不敢得罪金人，听到陆游一心北伐，甚是不悦，因此陆游名落孙山。不但陆游自己被淘汰，连带提拔他的主考官陈之茂，也成为秦桧报复的对象。陈之茂被罢了官，秦桧还没来得及实施下一步的迫害计划，第二年陈之茂就死了，这才侥幸逃过秦桧的迫害。但是陆游入仕当官的梦再次破灭。

宦海浮沉

秦桧死后，主战派受到了重用，陆游终于有了入仕的机会。绍兴二十八年（1158），陆游出任福州宁德县主簿。在宁德的时候，福建路提点刑狱公事樊茂实十分看重陆游，写了奏状向上级推荐他，陆游因此被调到福州。不到一年，陆游又被调到临安，担任敕令所删定官的职务，主要工作是编纂公布的法令。这个职位不高，公事也不繁忙，陆游在为官之余，游西湖，访佳友，度过了一段安定的生活。但由于陆游生性太过正直，揭发了孝宗亲信大臣结党营私的行径，结果惹怒了皇帝，被调到偏远地区做通判去了。

乾道八年（1172）春，陆游受到四川宣抚使王炎的招请，参加宣抚使司的工作，王炎将四川宣抚使司的办公地点由四川广元北迁至陕西南郑，以便在边境前线规划、指挥对金战事。陆游的官衔是“左程议郎、四川宣抚使司干办公事、兼检法官”。这次调任使陆游从后方来到了前线，并且他与王炎政治观点一致，因此陆游对这次调任十分满意，他的大量诗作中都提到了南郑，可见这是他生命中极为重要的一段经历。但是陆游只在南郑工作了八个月，因为王炎被调回了京都，出师北伐的计划就此搁浅，陆游的心情难以言说，悲伤难抑。这是陆游距离实现政治抱负最近的一次，他的后半生都在遗憾中度过。

乾道八年冬天，陆游到任成都，之后七年间官职数度改变，辗转于蜀州、嘉州、容州等地。

淳熙五年（1178），陆游受到孝宗召见，担任提举福建常平茶盐公事。

当时福建的主要产茶地在建安，在建安任职期间，陆游仍然十分怀念在南郑的从军生活。他决心离开建安，回到山阴老家，于是上奏请求回乡。

淳熙六年（1179）秋，陆游收到诏书，圣上并没有同意他请辞的申请，陆游被任为江西常平提举，主管粮仓、水利事宜。次年，江西遭遇水灾，陆游号令各郡开仓放粮，同时上奏朝廷，请求开常平仓赈灾，由于此次处理灾情政绩突出，十一月，陆游奉诏返京。之后因赵汝愚弹劾“不自检饬、所为多越于规矩”，陆游愤然辞官，回到山阴。

接下来的十几年，陆游的仕途依然不顺。因他直言不讳的个性，得罪了许多人，始终未能有更大的发展，1190 年再次被罢官。直到嘉泰二年（1202），被罢官 13 年的陆游才再次被朝廷召回，任命其主持修撰《三朝史》和《两朝实录》，官至宝章阁待制。一年后，国史编撰完成，这个时候的陆游已经 79 岁了，他上书告老返乡。

回到山阴后的陆游，终于在 1206 年听到了北伐的消息。宋宁宗下诏北伐，然而仅过了一年，宋朝军队战败，不得不与金国签下了“嘉定和议”，北伐彻底失败。陆游听到这样的消息，悲痛万分。嘉定二年（1209）的冬天，陆游病重不起，抱着“死前恨不见中原”的遗恨与世长辞，享年 85 岁。

爱情之憾

陆游 20 岁的时候，与表妹唐婉结婚。唐婉是陆游舅舅的女儿，自幼文静聪慧，对文学也十分喜爱。陆游的父亲曾任转运副使，舅舅任光州通判，他与唐婉既门当户对又亲上加亲。陆游参加前两次科举考试的时候，在舅舅家读书，与唐婉度过了许多快乐的时光，婚后更是十分恩爱。但是陆母却越来越看不惯唐婉，当时陆游在舅舅家读书，陆母认为陆游终日与唐婉待在一起，荒废了学业，才导致科举没有成功。又因唐婉不孕，更加不满，极力迫使陆游与唐婉离婚。

在重压之下，陆游屈从了母亲的意愿，数月之后，另娶王氏为妻。王氏第二年就生了一个儿子，陆母很高兴。唐婉也迫于父命嫁给了皇族宗亲赵士程。从此一对璧人渐行渐远。

1155 年，是陆游与唐婉分手的第十个年头，陆游到沈园游玩，恰好与唐婉夫妇不期而遇。陆游十分感伤，在沈园的墙壁上题写了著名的《钗头凤》。

红酥手，黄縢酒，满城春色宫墙柳。东风恶，欢情薄，一怀愁绪，几年离索，错、错、错。

春如旧，人空瘦，泪痕红浥鲛绡透。桃花落，闲池阁，山盟虽在，锦书难托，莫、莫、莫。

后来，唐婉看到题词后悲伤不已，也依律和了一首《钗头凤》。

世情薄，人情恶，雨送黄昏花易落。晓风干，泪痕残，欲笺心事，独语斜阑，难、难、难。

人成各，今非昨，病魂常似秋千索。角声寒，夜阑珊，怕人寻问，咽泪装欢，瞒、瞒、瞒。

此次邂逅不久，唐婉便忧郁而死。陆游为此哀痛至极，到了晚年，更加惆怅，屡屡写诗怀念唐婉。

陆游在 75 岁时，便住到沈园的附近，“每入城，必登寺眺望，不能胜情”，写下绝句两首，即《沈园》二首。

城上斜阳画角哀，沈园非复旧池台。伤心桥下春波绿，曾是惊鸿照影来。

梦断香消四十年，沈园柳老不吹绵。此身行作稽山土，犹吊遗踪一泫然。

82 岁时，人老发白的陆游再次重游沈园，历经沧桑的放翁已无泪，只是淡然挥笔写就一首《春游》。

沈家园里花如锦，半是当年识放翁。

也信美人终作土，不堪幽梦太匆匆。

陆、唐的爱情故事让人叹惋，也给陆游潦倒的一生增添了许多悲哀。他们的诗作成为古往今来爱情诗的名篇，沈园亦由此而久负盛名。

陆游一生经过徽宗、钦宗、高宗、孝宗、光宗、宁宗六朝。他在世的时期，宋朝对外，与金反复和战；宋朝内部，主和、主战派对立。他死后 60 多年，南宋覆灭。陆游一生虽然多次遭到打击、诬陷和迫害，但杀敌的决心却始终不移，展现出一个仕人与文人的风骨。

创作：笔耕不辍，风格多元

陆游是一位勤奋的诗人，到老仍坚持创作，自言“六十年间万首诗”，经他删减后，仍存诗 9000 多首，是两宋诗作留存最多的诗人。陆游的诗词风格多元，既有风格雄浑的豪放诗词，也有清丽自然的婉约诗词。屈原的忧国忧民精神，杜甫的现实主义风格，白居易的尚实、尚俗，李白的挥洒豪放均在陆游诗歌中有所体现。他的诗歌内容也极为丰富，涵盖了当时社会生活的各个方面，包括悯农诗、田园诗、爱情诗、边塞诗、爱国诗等。

陆游的创作可以分为三个时期，第一个时期为少年到中年（46 岁），这一时期最长但留存作品最少，约 200 首，因早期创作“但欲工藻绘”，陆游删减了许多。第二个时期为 47—54 岁，存诗 2400 多首。此时期的陆游到达南郑，深入军旅生活，诗风变为豪放壮阔，也正是在这一时期，陆游的诗歌创作变得成熟，奠定了他在文坛的崇高地位。第三个时期为归隐山阴到逝世，存诗 6500 首。这个时期的陆游饱经宦海浮沉，归乡后亲近农民、亲近自然，且年事已高，心态坦然，因此诗作风格转为清旷淡远的田园风格。

雄浑悲壮

陆游性格豪放，胸怀壮志，他把在现实生活中无法实现的壮志豪情都倾注在诗中，凭借幻境、梦境来一吐胸中的壮怀英气。陆游的记梦诗极富浪漫主义色彩，丰富而瑰丽的想象，颇有李白诗的风范，陆游在当时有“小李白”的称号。如《江楼吹笛饮酒大醉中作》。

世言九州外，复有大九州。
此言果不虚，仅可容吾愁。
许愁亦当有许酒，吾酒酿尽银河流。
酌之万斛玻璃舟，酣宴五城十二楼。
天为碧罗幕，月作白玉钩。
织女织庆云，裁成五色裘。
披裘对酒难为客，长揖北辰相献酬。
一饮五百年，一醉三千秋。
却驾白凤骖斑虬，下与麻姑戏玄洲。
锦江吹笛余一念，再过剑南应小留。

用银河酿酒，宴请宾客，穿着五彩祥云织成的五色裘，向星辰祝酒，一喝就是 500 年，一醉就是 3000 年。诗人气魄之雄伟，想象之奇绝，令人叹服。

但是另一方面，陆游建功立业的抱负与当权者的求和政策有着无法调和的矛盾。1127 年，北宋灭亡，南宋的统治者昏庸懦弱，面对金人的入侵，主和派一直占上风，朝廷不断退让令陆游担忧和愤怒，愤懑之情无处宣泄，于是将之融入诗词。陆游主战，统治者求和，残酷的现实环境给诗人心灵压上了无法摆脱的重负，因而陆游的诗歌又有杜甫诗歌关怀现实、沉郁悲凉的一面。

《书愤》是陆游诗歌悲壮风格的代表之作，宋孝宗淳熙十三年（1186）春，陆游居家乡山阴时所作。被罢官后，陆游在家乡蛰居六年，写下此诗时61岁。山阴虽是农村，但并不是脱离现实的世外桃源，仍然有关于战事的消息不断传来，想到山河破碎，中原沦陷区的人民仍生活在水深火热之中，而朝廷却被小人左右，诗人的郁愤之情便喷薄而出。

早岁那知世事艰？中原北望气如山。
楼船夜雪瓜州渡，铁马秋风大散关。
塞上长城空自许，镜中衰鬓已先斑。
出师一表真名世，千载谁堪伯仲间？

陆游始终不受重用，在诗中就表现为激昂与悲怆交织。年轻时的他气势如山，但雄心壮志却只能“空自许”，与现实形成了强烈的反差，具有极强的感染力。尾联用典明志，陆游想到了坚持北伐的诸葛亮，“出师一表真名世，千载谁堪伯仲间”。诸葛亮名满天下，千百年来无人能与之相提并论。可惜自己却不能像诸葛亮一样施展抱负，整首诗歌，字字句句皆是愤慨。这也是一首七言律诗，格律严谨，对仗工整，起承转合分明，可与杜甫的七律比肩，后世诗家评价这首诗曰：“全首浑成，风格高健，置之老杜集中，直无愧色！”

陆游的诗歌大多与抗金有关，描写军中生活，抒发满腔爱国之心。陆游在南郑时经历了短暂的从军生活，在军营中他与战士们志趣相投，热血沸腾，一心想要北伐杀敌，虽然最终没有机会实现，但是却成为陆游一生中的光辉时刻，也成就了他的诗歌创作。“华灯纵博，雕鞍驰射，谁记当年豪举”，在华丽的灯光下，与同僚玩游戏，之后又骑着骏马在林间驰骋射猎，这样的生活是多么豪迈，让人向往。陆游在诗中畅想杀敌，如：

三受降城无壅城，贼来杀尽始还营。

漠南漠北静如扫，清夜不闻胡马声。

这首诗出自《军中杂歌》，共八首，陆游结合自己的军中生活，写下了想象中敌军投降、宋军战胜的场景，把美好的愿望寄托在诗中，读来十分畅快。

然而这只是诗人的想象，陆游一直没有机会上战场杀敌，也没有等到宋朝灭金，陆游死前留下绝笔《示儿》：

死去元知万事空，但悲不见九州同。

王师北定中原日，家祭无忘告乃翁。

陆游去世 69 年后，宋朝灭亡，陆游的遗愿最终没有实现。但他的绝笔诗却成为千古绝唱，在滔滔的历史长河中久久回响。读他的诗句，读出的是一种忧国忧民的情怀，一种壮志未酬的悲壮，一种至死不渝的执着。难怪梁启超慨叹说：“集中什九从军乐，亘古男儿一放翁！”

平实自然

陆诗语言的特色，是历来被公认的晓畅平易、精炼自然，所谓“清空一气，明白如话”“无一语不天成”。他反对工于辞藻，在教导儿子学诗时写道：“我初学诗日，但欲工藻绘。中年始少悟，渐若窥宏大。”陆游善于发现那些微小的，不被人注意的美好事物，充满着生活的热情，春雨、稗草、蝴蝶、鱼塘、老牛无不入诗。经陆游点化后，诗意盎然，活灵活现。如：

舍前舍后养鱼塘，溪北溪南打稻场。
喜事一双黄蛱蝶，随人往来弄秋光。

诗中也经常出现与邻居的交往，关系融洽和谐。如：

买花西舍喜成婚，持酒东邻贺生子。
谁言农家不入时，小姑画得城中眉。
一双素手无人识，空村相唤看缫丝。

农村生活也不是一直都惬意的，陆游对农民感情深厚，也体恤农民。为官时，开仓赈灾，赢得了百姓的爱戴，退居山阴后的陆游仍然放心不下，他曾在《春日杂兴》中写道：

夜夜燃薪暖絮衾，禺中一饭直千金。
身为野老已无责，路有流民终动心。

这是陆游84岁时所作，年事已高、身无官职的他，本无忧国忧民的责任，但是在路上看到有流离失所的逃难之人仍然动恻隐之心。

陆游对于关乎百姓生存的赋税也十分关注，淳熙十六年四月，光宗刚即位，陆游就提出轻赋节俭的主张：“臣伏观今日之患，莫大于民贫，救民之贫，莫去于轻赋。”辞官后，他仍关注百姓疾苦，如《邻曲有未饭被追入郭者悯然有作》。

春得香秔摘绿葵，县符急急不容炊。

君王日御金华殿，谁诵周家七月诗？

可是他却无能为力，只能生发无限悲叹。如《夏日杂题》。

憔悴衡门一秃翁，回头无事不成空。

可怜万里平戎志，尽付萧萧暮雨中。

此外，陆游还写有大量哲理诗，不仅语言风格平实自然，更有深层的人生感悟耐人寻味。《游山西村》中的名句“山重水复疑无路，柳暗花明又一村”，可以想象出作者漫步在山间水畔，正觉路途难辨时，忽然发现柳暗花明处几家村舍的欣喜。作者既是在写游玩的经历也是在写人生感悟，人生旅途中往往会在山穷水尽时出现一线希望，表现了诗人旷达、恬淡的人生态度，鼓舞了一代又一代的人，具有重要的艺术价值和思想价值。又如《冬夜读书示子聿》。

古人学问无遗力，少壮工夫老始成。

纸上得来终觉浅，绝知此事要躬行。

首句表达了对古人刻苦做学问的精神的赞扬，告诫自己的孩子对待学业应毫无保留，全力以赴。次句是说做学问的艰难。从少年开始，养成良好的学习习惯，经过几十年的努力，最后才能有所成就。诗歌的后两句，诗人更进一步指出实践经验的重要性。从书本上得来的知识比较肤浅，要透彻地认识事物还必须亲自实践，体现出作者的教育观。

清新婉丽

陆游的诗歌具有清新婉丽的艺术风格，他广泛学习前人诗歌的成就，吸收了陶渊明的平淡纯真，梅尧臣的古朴自然，王维的幽雅静谧，自成一派。陆游尤其推崇陶渊明，在诗歌中直言对陶诗的喜爱。

我诗慕渊明，恨不造其微。

退归亦已晚，饮酒或庶几。

雨余锄瓜垄，月下坐钓矶。

千载无斯人，吾将谁与归？

在《读陶诗》中更是直接夸赞：“君看夏木扶疏句，还许诗家更道不？”因此他在写诗的时候，也有意识地对陶渊明诗歌进行学习借鉴，追求音韵的和谐与诗歌画面的淡然。

陆游隐居山阴时，关注农村的生活，诗句中充满着闲适的生活气息，赵翼在《瓯北诗话》中评：“一草一木，一鱼一鸟，无不裁剪入诗。”如《小园》。

小园烟草接邻家，桑柘阴阴一径斜。

卧读陶诗未终卷，又乘微雨去锄瓜。

更为人称道的是陆游的《临安春雨初霁》，这首诗语言清新，音律和谐，营造出一幅悠闲、惬意的画面。写下这首诗的时候，陆游 62 岁。年少轻狂、不畏世事的年纪一去不复返。与诗中场景形成反差的是当时的社会背景，自从王炎调离川陕后，陆游一直没有机会进入前线。淳熙十三年，陆游奉诏入京，接受严州知州的职务，住在西湖边的客栈等待皇帝召见。岁近暮年的陆游看到此时西湖怡人的风景，又想到边关金人入侵，南宋统治者却无所作为，流露出对统治者的担忧。就是在这样市井的悠闲与战乱的反差背景下完成了诗作。

世味年来薄似纱，谁令骑马客京华？
小楼一夜听春雨，深巷明朝卖杏花。
矮纸斜行闲作草，晴窗细乳戏分茶。
素衣莫起风尘叹，犹及清明可到家。

陆游还写了大量的咏梅诗，同样具有清新婉丽的风格。陆游对梅花喜爱有加，因为梅花象征着气节，代表了陆游的志向。他在《梅花绝句 · 其一》中写道：“何方可化身千亿，一树梅花一放翁。”他希望看尽世上的梅花，终生与梅花为伴。《梅花绝句 · 其二》中更是直接歌颂梅花的高风亮节：“高标逸韵君知否，正是层冰积雪时。”梅花历经磨难，依然留得清香，从中也可以看出作者的人格，他早年因得罪秦桧被黜，后又因直言进谏被小人中伤，但是他的立场和节操如梅花一样坚韧、无畏。

各体兼善

由于陆游对词创作的不重视，现存词作仅 130 首，却具有极高的文学价值，杨慎评价陆游的词“纤丽处似秦观，雄慨处似苏轼”。陆游词如诗歌一样兼具多种风格。“三山山下闲居士，巾履萧然，小醉闲眠，风引飞花落钓船。”（《采桑子·三山山下闲居士》）呈现出隐居生活的怡然；“江头疏雨轻烟，寒食落花天。翻红坠素，残霞暗锦，一段凄然。”（《极相思·江头疏雨轻烟》）表现出诗人悲伤的心境；“看尽巴山看蜀山，子规江上过春残。惯眠古驿常安枕，熟听《阳关》不惨颜。”（《鹧鸪天·葭萌驿作》）描写的是宦游途中的所见所闻；“秋到边城角声哀，烽火照高台。悲歌击筑，凭高酹酒，此兴悠哉！”（《秋波媚·七月十六日晚登高兴亭望长安南山》）慷慨激昂，展现出豪放的军旅生活；“无意苦争春，一任群芳妒。零落成泥碾作尘，只有香如故。”（《卜算子·咏梅》）抒发作者深沉的人生感受。

陆游的散文著述也颇有造诣，构思奇巧，文笔精纯。吴宽在《新刊渭南文集》中评价陆游的文：“以六经、左氏、庄、骚、班、马、韩、曾为师匠，而天资工力，自得尤深。”叙述生活经历类散文如《居室记》，详细地叙述自己的日常起居，谈及自己待人接物的态度；写人散文如《姚平仲小传》，陆游为这位靖康名将深感不平，写小传为他正名；随笔类散文如《老学庵笔记》，笔墨简洁，内容丰富，颇有史料价值。

游记类散文《入蜀记》，在文学史上具有重要意义，是中国第一部长篇游记。陆游将前往蜀地夔州赴任途中的所观所想记录下来，形成长篇游记。作者将行程分为两段，第一段是先沿着运河从山阴到临安，再经嘉兴、苏州、常州，到镇江后进入长江；第二段路程是描写长江沿途地点，经过建康府、太平州、芜湖、池州、江州、黄州、鄂州、岳州、江陵府、夷陵、秭归、夔州等地。《入蜀记》共六卷，将日常旅行生活与自然风光、名胜古迹、世情风俗、历史人物、改革兴废、军事政治等相融合，评古论今，夹叙夹议，读来饶有趣味，展现出作者深厚的人文、历史功底。

陆游亦有史才，被任命主持修撰《三朝史》和《两朝实录》。陆游的书法水平同样很高，传世之作有《苦寒帖》《怀成都诗帖》等。

陆游一生虽壮志未酬，但是他的铮铮铁骨为后人所景仰，留下的诗词佳句，激励了一代又一代人，正是有陆游这样的诗人与仕人，中华民族才得以生生不息。

陆游诗

宝剑吟

幽人[1]枕宝剑，殷殷夜有声。

人言剑化龙，直恐兴风霆；

不然愤狂虏，慨然思遐征。

取酒起酹剑[2]，至宝当潜形，

岂无知君者，时来自施行。

一匣有馀地，胡为鸣不平？

◇注释

[1] 幽人：幽居的高洁之人。

[2] 酹（lèi）剑：把酒浇在剑上，表示祭奠。

◇译文

幽居的人枕着宝剑入睡，夜里发出殷殷的震动声。人们都说宝剑可以化为龙，只怕还可以兴起雷霆；再不然就是恨狂妄的敌寇，愤慨地想要去远征。

取酒浇在剑上祭奠，珍贵的宝物应当潜形匿迹，难道是没有你的知音吗？时机来的时候自然有施展的机会。剑匣中还空有余地，为什么你还要呼喊不平呢？

悲秋

病后支离[1]不自持，湖边萧瑟早寒时。

已惊白发冯唐老，又起清秋宋玉悲。

枕上数声新到雁，灯前一局欲残棋。

丈夫几许襟怀事[2]，天地无情似不知。

◇注释

[1] 支离：形容身体虚弱。

[2] 襟怀事：报效国家的抱负。

◇译文

病后身体虚弱不能支撑自己，天气初寒，湖边一片萧条。惊讶自己生了许多白发，如冯唐被举荐时一样老，又看到清冷的秋天引发和宋玉一样的悲秋之情。枕上听到了数声大雁的鸣叫，灯前摆放着一局残棋。大丈夫心中当有报效国家的抱负，天地没有感情不会知道。

北望

北望中原泪满巾，黄旗[1]空想渡河津。

丈夫穷死由来事[2]，要是江南有此人！

◇注释

[1] 黄旗：主帅之旗，代指南宋军队。

[2] 由来事：平常的事。

◇译文

北望中原大地泪湿衣襟，南宋军队想要渡过黄河上的津渡只能是空想。大丈夫视死如归，不过是平常事，希望南宋能有将领率军渡过黄河收复失地。

初夏杂咏

昔日江湖上，飘然无定居。
频倾京口酒，亦食武昌鱼。
北首心空壮，东归愤不摅[1]。
岂知齿牙落，送老一茆庐[2]。

◇注释

[1] 摅（shū）：发表，抒发。

[2] 茆庐：茅庐。茆，同“茅”。

◇译文

昔日在官场上，四处漂泊，居无定所。豪饮京口酒，又吃武昌鱼。举头北望空有壮志，年老归乡悲愤之情难以抒发。怎知牙齿脱落，为我送终的只有一间茅庐。

初发夷陵

雷动江边鼓吹雄，百滩过尽失途穷。

山平水远苍茫外，地辟天开指顾中。

俊鹘[1]横飞遥掠岸，大鱼腾出欲凌空。

今朝喜处君知否？三丈黄旗舞便风。

◇注释

[1] 俊鹘（hú）：矫健的鹘。鹘，一种鹰类猛禽。

◇译文

江涛拍岸，声音如同敲鼓般雄伟，经过众多险滩，江水开阔，容易使人迷路。站在船头远眺，平缓的山峰、辽远的江水在苍茫的雾霭之外，三峡险峻如刀劈斧削。矫健的鹘横飞过江，掠过岸边，大鱼从水中腾出想要飞向天空。今天的喜悦你知道从哪里看出来吗？在酒楼迎风飞舞的酒旗上。

重阳

照江丹叶一林霜，折得黄花更断肠。

商略[1]此时须痛饮，细腰宫[2]畔过重阳。

◇注释

[1] 商略：商量。

[2] 细腰宫：章华宫，楚灵王修建的离宫。因他爱细腰女子，又称细腰宫。这里泛指楚地。

◇译文

霜后的红叶映照在江面上，折取了菊花更加令人断肠。商量着这时应当开怀痛饮，在楚地度过重阳节。

重九怀独孤景略

昔逢重九日，初识独孤君。
并辔[1]洮河马，联诗剑阁云。
已悲吴蜀远，更叹死生分。
安得持卮酒[2]，浇君丈五坟。

◇注释

[1] 并辔（pèi）：并马而行。

[2] 卮（zhī）酒：一杯酒。

◇译文

记得恰逢重阳节的时候，我第一次见到你。我们在洮河前线并马而行，在剑门关联句对诗。吴地和蜀地相隔遥远已经让人悲伤，更加叹惋的是如今我们生死两隔。什么时候能够到你坟前，取一杯酒缓缓浇洒。

草书歌

倾家酿酒三千石，闲愁万斛酒不敌。
今朝醉眼烂岩电[1]，提笔四顾天地窄。
忽然挥扫不自知，风云入怀天借力。
神龙战野昏雾腥，奇鬼摧山太阴黑。
此时驱尽胸中愁，槌床大叫狂堕帻[2]。
吴笺蜀素不快人，付与高堂三丈壁。

◇注释

[1] 烂岩电：目光明亮如岩间闪电。

[2] 帻（zé）：头巾。

◇译文

倾尽家财酿造了三千石酒，万斛酒也消解不了我心中的闲愁。今日喝醉酒后目光明亮如同岩间闪电，提笔四望觉得天地都变窄了。不自觉地挥笔书写，风云都到我的怀里，向天借力。书法雄健如同神龙在旷野交战，烟雾弥漫，血腥昏暗，又如奇鬼摧倒大山，月光暗淡。此时完全发泄出心中的愁绪，捶着床大叫，头巾都掉落了。写在纸和绢布上让人不够痛快，干脆书写在高堂的墙壁上。

春夜读书感怀

荒林枭[1]独啸，野水鹅群鸣，
我坐蓬窗下，答以读书声。
悲哉白发翁，世事已饱更，
一身不自恤[2]，忧国涕纵横。
永怀天宝末，李郭出治兵，
河北虽未下，要是复两京。
三千同德士，百万羽林营，
岁周一甲子[3]，不见胡尘清。
贼酋实孱王[4]，贼将非人英，
如何失此时，坐待奸雄生！
我死骨即朽，青史亦无名，
此诗倘不作，丹心尚谁明？

◇注释

[1] 枭：猫头鹰。

[2] 自恤：自己怜惜。

[3] 一甲子：古代干支纪年法，六十年为一甲子。

[4] 孱王：孱弱的君王。

◇译文

荒林里的猫头鹰独自啼叫，野外的池塘里鸭鹅成群鸣叫不停。我坐在窗下，用读书声来回应它们。悲叹我这个白发老翁，饱经世事。不怜惜自身，却因忧国泪流不止。永远感怀天宝末年，李光弼和郭子仪出兵抗击安史叛兵；进军河北，收复长安和洛阳。如今三千同心同德的大臣，百万将士；过去了六十年，还是没有清除敌人。金人的首领实在是孱弱，将领也不英明，为何失去了时机，坐等着金人壮大？我死后尸骨腐朽，青史无名，如果不作此诗，谁知道我的一片赤诚之心呢？

春望

天地回春律[1]，山川扫积阴。
波光迎日动，柳色向人深。
沾洒忧时泪，飞腾灭虏心。
人扶上危榭，未废一长吟。

◇注释

[1] 春律：代表春天的律管。

◇译文

天地回春，山川一扫阴冷之气。水面迎着阳光波动，柳叶逐渐繁茂葱郁。忧国的眼泪沾湿衣襟，消灭侵略者的雄心涌动。扶着栏杆登上高楼，高声吟诗一首。

春日杂兴

夜夜燃薪暖絮衾[1]，禺中[2]一饭直千金。

身为野老已无责，路有流民终动心！

◇注释

[1] 絮衾：棉被。

[2] 禺中：将近午时。

◇译文

每天晚上烧火取暖，午时的一顿饭价值千金。我如今身无官职，本无忧国忧民的责任，但是在路上看到有流离失所的逃难之人仍然动恻隐之心！

大风登城

风从北来不可当，街中横吹人马僵。
西家女儿午未妆，帐底炉红愁下床。
东家唤客宴画堂，两行玉指调丝簧。
锦绣四合如垣墙，微风不动金猊[1]香。
我独登城望大荒，勇欲为国平河湟[2]。
才疏志大不自量，西家东家笑我狂。

◇注释

[1] 金猊（ní）：金色狮子形状的香炉。

[2] 河湟：黄河与湟水，指被金人侵占的西北地区。

◇译文

北风势不可挡，吹得大街上的人马都僵硬了。西边人家的女儿到了中午还未起床梳妆，帐子底下放着火炉不愿下床。东边人家招呼客人在画堂宴饮，女子纤细的手指在弹奏乐器。四面的花木如同墙壁一样，微风吹不散香炉里的烟雾。我独自登上城楼望着辽阔大地，想要为国家平定河湟。志向远大却才华浅薄，不自量力，东家和西家都笑我癫狂。

对酒作

齿落不废嚼，足跛尚能履。

书生之所遭，侥幸有如此。

自知穷事业，元不直杯水。

徒行若车安，蔬食如肉美。

或时得斗酒，亦复招邻里。

不肯歌乌乌[1]，行矣呼起起！

◇注释

[1] 乌乌：哀歌的声音。

◇译文

牙齿虽然掉落了一些还可以咀嚼，脚虽然跛了还能行走。读书人的遭遇，尚且庆幸能够如此。自知一生追求的事业，连一杯水都不值。徒步走路比乘车安稳，吃蔬菜和吃肉一样鲜美。偶尔得到一斗酒，也招呼邻里一起喝。不愿意唱那些哀怨之歌，想要走动的时候，就自己鼓励自己，大呼“起来！”“起来！”

登赏心亭

蜀栈秦关岁月遒[1]，今年乘兴却东游。
金家稳下黄牛峡，半醉来寻白鹭洲。
黯黯江云瓜步[2]雨，萧萧木叶石城秋。
孤臣老抱忧时意，欲请迁都涕已流。

◇注释

[1] 岁月遒（qiú）：岁月匆匆而过。

[2] 瓜步：地名，今南京市六合区东南。

◇译文

在蜀地的栈道和秦地的关塞，时间匆匆而过，如今乘着兴致向东游。穿过艰难险阻的黄牛峡谷，半醉着来游览白鹭洲。江上的云昏暗，瓜步镇雨霏霏，落叶萧萧，石城的秋天到了。我心中无限忧愁，想要说迁都的事，眼泪却先流出来了。

冬夜读书示子聿（八首选一）

古人学问无遗力，少壮工夫老始成。

纸上得来终觉浅，绝知[1]此事要躬行。

◇注释

[1] 绝知：深刻地认识。

◇译文

古人做学问不遗余力，从少壮之时开始学习，到老年才有所成就。从书本上得到的知识终究是不深刻的，要透彻地认识事物还必须亲身经历和体验。

东村

雨霁山争出，泥干路渐通。

稍从牛屋后，却过鹳[1]巢东。

决决沙沟水，翻翻麦野风。

欲归还小立，为爱夕阳红。

◇注释

[1] 鹳（guàn）：大型水鸟科，外形像白鹤。

◇译文

雨后初晴，远山从云雾中显现出来，泥泞干后，村间小路渐渐通畅。刚从牛棚旁经过，又到了鹳巢的东边。沟渠中流水决决，风吹动麦浪翻滚，想要回去又站立了片刻，因为喜爱这红色的夕阳。

东窗小酌

乌帽翩仙白苎[1]凉，东窗随事具杯觞。

流年不贷世人老，造物能容吾辈狂。

藤叶成阴山鸟下，桧花[2]满地蜜蜂忙。

何人画得农家乐？咿轧缫车隔短墙。

◇注释

[1] 白苎(zhù)：白色麻布制成的衣服。

[2] 桧（guì）花：桧树的花。桧，圆柏。

◇译文

头戴黑色纱帽，身着白色麻衣，飘逸飞舞，轻盈凉爽，在东窗下随意地饮酒。岁月匆匆，不会因人衰老而借给时光，天公能够暂时容忍我辈猖狂。青藤叶茂密，引得山上的鸟儿飞来，桧花落了满地，蜜蜂忙着采蜜。谁能画出农家的这份欢乐？短墙外缫车在咿呀作响。

读李杜诗

濯锦[1]沧浪客，青莲澹荡[2]人。
才名塞天地，身世老风尘。
士固难推挽，人谁不贱贫？
明窗数编[3]在，长与物华新。

◇注释

[1] 濯锦：浣花溪。在今成都城西。

[2] 澹荡：胸怀宽广。

[3] 数编：李杜诗集。

◇译文

杜甫是隐居之客，李白是坦荡之人。他们的才华和名声充塞于天地之间，但是老年却过着流离的生活。正直之人本来就很难受到举荐，因此难以避免贫困。明亮的窗前摆放着他们的诗集，和美好的景物一样，长盛不衰。

读陶诗

陶谢文章造化侔[1]，篇成能使鬼神愁。

君看夏木扶疏句[2]，还许诗家更道不?

◇注释

[1] 侔（móu）：相等。

[2] 夏木扶疏句：原句为“孟夏草木长，绕屋树扶疏”。

◇译文

陶渊明和谢灵运的文章与天比肩，篇成之后能使鬼神感动得流泪。君看“孟夏草木长，绕屋树扶疏”一句，哪位诗人能够超越呢?

二月一日夜梦

梦里遇奇士，高楼酣且歌，
霸图轻管乐，王道探丘轲。
大指如符券[1]，微瑕互琢磨，
相知殊恨晚，所得不胜多。
胜算观天定，精忠压虏和，
真当起莘渭，何止复关河。
阵法参奇正，戎旃[2]相荡摩，
觉来空雨泣，壮志已蹉跎。

◇注释

[1] 符券：兵符和契约。古代的兵符和契约都分为两半，能够合上才是真的。

[2] 戎旃（zhān）：军旗。

◇译文

梦里遇到了一位奇士，一起在高楼上畅饮高歌。我们不屑于管仲、乐毅辅佐明主成就霸业，共同探讨孔丘、孟轲的学说。主要的宗旨像符信契券一样契合，细微的意见不合再相互切磋。恨相知太晚，不能学习更多。取胜的可能性观天而定，以精忠之气使金兵求和。如果真的启用了莘野的伊尹和渭滨垂钓的吕望，何止是收复关河一带。排兵的阵法有常规也有出奇，军中大旗飘扬摩擦。醒来泪如雨下，壮志难酬，时间已经白白地浪费了。

泛瑞安江风涛贴然[1]

俯仰两青空，舟行明镜中。

蓬莱定不远，正要一帆风。

◇注释

[1] 贴然：服帖的样子。贴，通“帖”。

◇译文

抬头低头中看到水天一色，小船如在明镜中行驶。蓬莱仙山一定不远，我正需要一帆好风到达那里。

观长安城图

许国[1]虽坚鬓已斑，山南经岁望南山。

横戈上马嗟心[2]在，穿堑环城笑虏孱。

日暮风烟传陇上，秋高刁斗[3]落云间。

三秦父老应惆怅，不见王师出散关。

◇注释

[1] 许国：许身祖国。

[2] 嗟心：感慨之心。

[3] 刁斗：古代行军用具。可用来做饭，也可用于打更。

◇译文

许身祖国的志愿虽然坚定，但是两鬓已斑白，在南郑的一年时间里，经常眺望终南山。拿戈上马，壮心犹在，金人环着长安城穿凿壕沟，让人发笑。傍晚烽烟传到了陇山，秋天天空高远，刁斗声仿佛从云中落下。关中父老应该惆怅，还不见宋朝的军队从大散关出来。

归次汉中境上

云栈屏山阅月[1]游，马蹄初喜踏梁州。
地连秦雍川原壮，水下荆扬日夜流。
遗虏孱孱宁[2]远略，孤臣耿耿独私忧。
良时恐作他年恨，大散关头又一秋。

◇注释

[1] 阅月：经过一月。

[2] 宁：难道。

◇译文

在锦屏山上的云中栈道游走一个多月到了梁州，心情喜悦。这里连着秦国、雍州故地，原野壮美，滔滔汉水连着荆州和扬州，日夜不息。残余的金兵孱弱不堪，不会有什么远大的策略，但我心中还是担忧。进攻金兵的大好时机被浪费了恐怕会成为日后的遗恨，大散关头又度过了一个秋天。

关山月

和戎诏下[1]十五年，将军不战空临边。

朱门沉沉按歌舞，厩马肥死弓断弦。

戍楼刁斗催落月，三十从军今白发。

笛里谁知壮士心？沙头空照征人骨。

中原干戈[2]古亦闻，岂有逆胡传子孙？

遗民忍死望恢复，几处今宵垂泪痕！

◇注释

[1] 和戎诏下：指宋孝宗于隆兴二年（1164）所下的宋金议和之诏。

[2] 干戈：干和戈是两种武器，后代指战争和冲突。

◇译文

议和的诏书下了15年之后，将军在边关空度岁月。豪门子弟终日沉溺于歌舞之中，马厩里的战马肥胖老死，军库里的弓箭也腐朽断折了。边地的岗楼上报更的刁斗声催着月落，我 30 岁从军，如今已白发。谁能从笛声里知道壮士的心声？月光映照着战场上战士的尸骨。中原大地自古以来一直发生战争，怎么能让金人占领中原，子孙相传？遗民忍死偷生盼望收复失地，今夜不知道有多少人在流泪！

感愤

今皇神武是周宣[1]，谁赋南征北伐篇?
四海一家天历数，两河百郡宋山川。
诸公尚守和亲策，志士虚捐[2]少壮年!
京洛[3]雪消春又动，永昌陵上草芊芊。

◇注释

[1] 周宣：即周宣王。在位时征伐入侵者，使得周王朝获得一时的复兴。

[2] 虚捐：白白地浪费。

[3] 京洛：开封和洛阳一带。

◇译文

当今皇上像周宣王一样英明神勇，谁来赋写歌颂他南征北伐的诗篇？天下统一，四海一家是上天注定的，黄河两岸的州郡山川都归大宋所有。诸公还坚守着和亲的政策，多少有志之士都白白地浪费了少壮年华！京洛一带冰雪消融，又迎来了春天，永昌陵上草木茂盛。

感昔（七首选二）

其一

曾从征西十万师，白头回顾只成悲。
云深骆谷[1]传烽处，雪密嶓山[2]校猎时。

其七

少时失脚利名间，寸步何曾不险艰。
造物恐人浑忘却[3]，梦中忧患尚如山。

◇注释

[1] 骆谷：在今陕西省周至县境内。

[2] 嶓（bō）山：在今陕西省勉县境内。

[3] 浑忘却：稀里糊涂地忘记了。

◇**译文**

曾经跟随军队前往南郑从军，到了白头回顾一生只觉悲凉。想当年在骆谷的云深处传达军书，在嶓山的大雪中狩猎。

少年时为了求取功名，不得不踏入官场，一步步都走得十分艰险。老天恐怕我忘记了那些日子，时时刻刻在梦中提醒我忧患如山。

黄州

局促常悲类楚囚[1]，迁流还叹学齐优[2]。

江声不尽英雄恨，天意无私草木秋。

万里羁愁添白发，一帆寒日过黄州。

君看赤壁皆陈迹，生子何须似仲谋！

◇注释

[1] 楚囚：指春秋时被俘虏到晋国的楚国人钟仪。

[2] 齐优：齐国送给鲁国的优伶。孔子认为鲁国接受了优伶，政治就不再清明，于是离开了鲁国。

◇译文

我常常悲叹自己如同楚囚钟仪一样没有自由，像被送往鲁国的齐国优伶一样奔劳漂泊。江声涛涛，如无尽的英雄遗恨，上天没有私情，又到了草木凋零的秋天。漂泊万里的羁旅愁思让我增添了白发，在这寒冷的时节，船驶过了黄州。君看当年的赤壁战场，如今变成了一片荒芜的陈迹，男儿不能再建功立业，何必还要像孙权一样呢！

花时遍游诸家园

为爱名花抵死[1]狂，只愁风日损红芳。

绿章夜奏通明殿[2]，乞借春阴护海棠。

◇注释

[1] 抵死：至死。

[2] 通明殿：玉皇大帝所住的宫殿。

◇译文

对于园林里的各种名花格外喜爱，爱到发狂，只是担心风和阳光会消损它们。连夜写奏书奏明玉帝，请求借他一片绿荫来保护海棠花。

和范待制秋兴

策策桐飘已半空，啼螀[1]渐觉近房栊。
一生不作牛衣泣，万事从渠[2]马耳风。
名姓已甘黄纸[3]外，光明全付绿樽中。
门前剥啄[4]谁相觅，贺我今年号放翁。

◇注释

[1] 啼螀（jiāng）：鸣蝉。

[2] 从渠：任他。

[3] 黄纸：古代对官吏进行考核，成绩登记在黄纸上。

[4] 剥啄：敲门声。

◇译文

梧桐叶飘落过半，房间的窗户上渐渐响起了鸣蝉的声音。我一生穷困也不作哀泣的样子，万事都任它随风而去。我已经甘心不做官，将光阴都打发在饮酒中。门前有敲门声，是谁来找我，原来是范成大向我道贺今年取号为“放翁”。

胡无人

须如猬毛磔[1]，面如紫石棱。

丈夫出门无万里，风云之会立可乘。

追奔露宿青海月，夺城夜踏黄河冰。

铁衣度碛[2]雨飒飒，战鼓上陇雷凭凭。

三更穷虏送降款，天明积甲如丘陵。

中华初识汗血马，东夷再贡霜毛鹰。

群阴伏，太阳升，胡无人，宋中兴。

丈夫报主有如此，笑人白首篷窗灯。

◇注释

[1] 磔 (zhé)：张开的样子。

[2] 碛（qì）：沙石。

◇译文

胡须像刺猬毛一样竖起，面容像紫苏石一样黝黑。大丈夫不惧万里远征，风云变化之际才有建功立业的机会。追逐逃跑的敌人，月夜在青海露宿，踏着黄河冰攻打城池。穿着铁衣在沙石中行军，战鼓声声如同雷鸣。半夜三更，穷途末路的敌人送上了降书，天亮时堆积的铁甲如同山陵。从敌人那里缉获了汗血马和白鹰。敌人投降，光明来临，金国再也没有向宋朝挑衅的人，宋朝复兴。大丈夫就应该像这样报效君主，嘲笑直到白头仍在窗边苦读的人。

怀南郑旧游

南山南畔昔从戎，宾主相期意气中，
渴骥奔时书满壁，饿鸱[1]鸣处箭凌风。
千艘粟漕[2]鱼关北，一点烽传骆谷东，
惆怅壮游成昨梦，戴公亭下伴渔翁。

◇注释

[1] 饿鸱（chī）：饥饿的鹞鹰。

[2] 粟漕：运送粮食的河道。

◇译文

昔日在南郑从军，将帅与士兵同仇敌忾。在墙上疾书时就像宝马狂奔，射箭声如同饿鹰鸣叫。千艘运送粮食的船停在鱼关北部，骆谷东传来烽火。当年意气风发的经历已经成为昨日之梦，如今在戴公亭陪着渔翁闲钓。

剑门[1]道中遇微雨

衣上征尘杂酒痕，远游无处不销魂。
此身合是诗人未？细雨骑驴[2]入剑门。

◇注释

[1] 剑门：又称大剑山，地势险峻，在今四川省剑阁县北。

[2] 骑驴：唐代诗人骑驴吟诗，因此人们把骑驴作为诗人的象征。此处代指诗人，不是真正的骑驴行路。

◇译文

衣服沾上了灰尘，还有喝酒留下的污渍，远游所到之处让人痛苦伤感。反问自己此生是否就该是一位诗人？在细雨中进入了剑门关。

剑客行

我友剑侠[1]非常人，袖中青蛇生细鳞。

腾空顷刻已千里，手决风云惊鬼神。

荆轲专诸[2]何足数，正昼入燕诛逆虏。

一身独报万国仇，归告昌陵[3]泪如雨。

◇注释

[1] 剑侠：这里的剑侠，名为作者朋友，实为作者自己。

[2] 专诸：春秋时吴国棠邑人。曾刺杀吴王僚，被吴王侍卫杀死。

[3] 昌陵：宋太祖赵匡胤的陵墓。

◇译文

我的剑侠朋友非同一般，袖中的青蛇闪着细细的鳞片。腾空而起，顷刻间已到千里之外，手挥利剑与风云决斗，惊动鬼神。荆轲和专诸不值一提，他大白天进入金国，诛杀皇帝。一人报了国家之仇，回来向太祖皇帝奏报的时候泪流如雨。

建安遣兴（六首选二）

其五

绿沉金锁[1]少时狂，几过秋风古战场。

梦里都忘闽峤[2]远，万人鼓吹入平凉。

其六

刺虎腾身万目前，白袍溅血尚依然。

圣时未用征辽将，虚老龙门一少年。

◇注释

[1] 绿沉金锁：绿沉，指绿沉枪，深绿色的枪。金锁，指金锁甲，用金线连缀甲片制成的锁子甲。

[2] 闽峤：福建地区的山地。

◇译文

手拿绿沉枪，身穿金锁甲，年少轻狂，在秋风呼啸的古战场上整装待发。梦中忘记了闽峤地远，战士们的擂鼓声传到了平凉。

在众人的注视下腾身猎杀猛虎，白袍上溅了血也依然英勇搏斗。圣明之时没有征用薛仁贵，使他白白地老去了。

江楼吹笛饮酒大醉中作

世言九州外，复有大九州。

此言果不虚，仅可容吾愁。

许愁亦当有许酒，吾酒酿尽银河流。

酌之万斛玻璃舟，酣宴五城十二楼。

天为碧罗幕，月作白玉钩。

织女织庆云，裁成五色裘。

披裘对酒难为客，长揖北辰相献酬[1]。

一饮五百年，一醉三千秋。

却驾白凤骖斑虬[2]，下与麻姑戏玄洲。

锦江吹笛余一念，再过剑南应小留。

◇注释

[1] 献酬：主客相互敬酒。

[2] 虬：传说中无角的龙。

◇译文

世人说九州之外，还另有大九州。如果这个说法不假的话，这个大九州仅仅能容得下我的忧愁。这样多的愁应当有可以解它的酒，我酿酒用尽了天上的银河水。将万斛酒倾倒进玻璃酒杯中，五城十二楼的仙人都喝醉了。天像青绿色罗缎做成的帐篷，月像白玉做成的帘钩。织女织出祥云，裁成五色衣。客游在外的人披着彩衣端着酒杯，向北极星拱手施礼，相互敬酒。一饮就是500年，一醉就是3000年。驾着龙车凤辇在仙境中游览，与麻姑仙女在玄洲嬉戏。成仙后，我还有一个念头，经过蜀地的时候要稍作停留。

金错刀[1]行

黄金错刀白玉装，夜穿窗扉出光芒。

丈夫五十功未立，提刀独立顾八荒。

京华结交尽奇士，意气相期共生死。

千年史策耻无名，一片丹心报天子。

尔来从军天汉滨[2]，南山晓雪玉嶙峋[3]。

呜呼楚虽三户能亡秦，岂有堂堂中国空无人！

◇注释

[1] 金错刀：刀身上嵌有黄金纹饰的宝刀。

[2] 天汉滨：南郑。天汉，指汉水。汉水流经南郑。

[3] 玉嶙峋：错落重叠的玉石。

◇译文

用黄金、白玉装饰的宝刀，到了夜晚，它所发出的光芒穿透了窗户。宝刀的主人到了 50 岁还没有立功，提刀独立望向八方。在京城结交的都是奇伟不凡之士，大家志气相同，生死与共。耻于流传千年的史册无名，一片忠心就是为了报效天子。近来，在南郑从军，雪后的终南山像错落重叠的玉石。啊！古代楚国虽然只剩下三户人家，却能灭掉秦国。我们堂堂大宋王朝怎么会没有能人驱赶金兵！

寄奉新高令

小雨催寒著客袍，草行露宿敢辞劳。

岁饥民食糟糠[1]窄，吏惰官仓鼠雀豪。

只要闾阎宽棰楚[2]，不须亭障肃弓刀[3]。

九重屡下丁宁诏[4]，此责吾曹未易逃。

◇注释

[1] 糟糠：酒糟、米糠等粗劣食物。

[2] 闾阎（lǘ yán）：平民居住的地区，借指民间。棰（chuí）楚：木棍和荆杖，指古代的刑具。

[3] 亭障：边塞险要处修建的堡垒。肃弓刀：严布军队。

[4] 丁宁诏：一再告诫宽厚爱民的诏书。

◇译文

小雨落在衣袍上，催生出寒意，在草地上行宿不辞劳苦。年成遭遇灾荒，即使是粗劣的糟糠也很短缺，官吏懒惰使得官仓里的老鼠、麻雀猖獗。只要官府仁慈，宽用刑罚，就不需要在亭障严布军队。朝廷屡次下发宽厚爱民的诏书，这样的责任我们都不能轻易推脱。

寄题朱元晦武夷精舍（五首选一）

身闲剩觉[1]溪山好，心静尤知日月长。

天下苍生未苏息[2]，忧公遂与世相忘。

◇注释

[1] 剩觉：更觉。

[2] 苏息：休养生息。

◇译文

闲下来时更觉得溪山风景好，心情平静才知道岁月长。黎民百姓还没有休养生息，希望你不要忘记世人的期许。

寄朱元晦提举

市聚萧条极，村墟冻馁[1]稠。
劝分无积粟，告籴[2]未通流。
民望甚饥渴，公行胡滞留？
征科[3]得宽否？尚及麦禾秋。

◇注释

[1] 冻馁：饥寒。

[2] 籴：买进粮食。

[3] 征科：赋税。

◇译文

市集上十分萧条，村庄里都是饥寒交迫的人。劝人分出余粮给灾民，但是大家都没有积存，想从外地买粮食，却被告知受到阻禁不能流通。百姓非常渴望朝廷的救济，您的行程为何滞留？赋税能否宽限一些时日？等到秋季庄稼成熟的时候再交。

记梦

梦里都忘困晚途，纵横草疏[1]论迁都。

不知尽挽银河水，洗得平生习气无？

◇注释

[1] 草疏：拟出奏章。

◇译文

在梦里忘记了晚年的困顿，执笔书写奏章论述迁都的事。不知道引导尽银河之水，能不能把我平生忧国忧民的习性洗去？

九月三日泛舟湖中作

儿童随笑放翁狂，又向湖边上野航[1]。
鱼市人家满斜日，菊花天气近新霜。
重重红树秋山晚，猎猎[2]青帘社酒香。
邻曲[3]莫辞同一醉，十年客里过重阳。

◇注释

[1] 野航：农家小船。

[2] 猎猎：风吹动旗子的声音。

[3] 邻曲：邻居。

◇译文

儿童追着我嬉笑打闹，到了湖边坐上农家小船。斜阳洒满岸边的鱼市，菊花开放的天气刚开始结霜。傍晚山上的枫树一重又一重，酒店挂的青旗被风吹动得猎猎作响，传来社酒的香味。邻居你不要推辞，我们不醉不休，10多年我都客居他乡，直到今日才能在家过重阳。

军中杂歌（八首选六）

其一

三受降城无壅城[1]，贼来杀尽始还营。

漠南漠北静如扫，清夜不闻胡马声。

其二

秦人万里筑长城，不如壮士守北平。

晓来碛[2]中雪一丈，洗尽膻腥春草生。

其三

匈奴莫复倚长戈，来款[3]军门早乞和。

铁骑如山尚可避，飞将军来汝奈何。

其六

北面行台[4]号令新，绣旗豹尾[5]渡河津。

檄书才下降书至，不用儿郎打女真。

其七

渔阳儿女美如花，春风楼上学琵琶。

如今便死知无恨，不属番家属汉家。

其八

北庭茫茫秋草枯，正东万里是皇都。

征人楼上看太白，思妇城南迎紫姑[6]。

◇注释

[1] 三受降城：古代军事建筑群。包括西受降城、中受降城、东受降城。壅（yōng）城：大城外的小城。

[2] 碛（qì）：不生草木的戈壁沙漠地带。

[3] 款：真心实意。

[4] 行台：将帅出征时设立的临时性指挥机构。

[5] 绣旗豹尾：古代军旗上绣有花纹，并且悬挂豹尾作为装饰。这里代指军队。

[6] 迎紫姑：紫姑是一个善良、贫穷的女子，正月十五的时候，因贫困而死，百姓为了纪念她，形成了正月十五迎紫姑的习俗。这里是说明百姓恢复了正常生活，能够过传统习俗。

◇译文

大宋军队攻占了三受降城，城外没有壅城，把敌人杀尽才返回军营。大漠南北的敌人被扫除干净后一片寂静，夜里听不见胡人的战马声。

秦朝人修建万里长城，不如派大将驻守北平郡。早上沙漠上的积雪有一丈深，将血腥洗净后春草萌生。

匈奴你不要再霸占宋朝疆土了，早日来军门之前真诚地求和吧。如山的战马尚可以躲避，遇见了李广一样的大将军你们该怎么办！

北边的行台刚刚下发了新的号令，军队渡河杀敌。讨伐金兵的文书刚刚发下，敌人就送来了降书，不需派兵攻打女真了。

渔阳的女子貌美如花，安然地在春风楼上学弹琵琶。如今就是死了也没有遗憾，因为现在是大宋臣民，不属于匈奴。

西北边关秋草枯黄，一片茫茫，往正东去万里便是皇都汴京。戍守边关的士兵终于可以在城楼上仰望启明星，女人们也可以在城南迎接紫姑。

客从城中来

客从城中来，相视惨不悦。

引杯抚长剑，慨叹胡未灭。

我亦为悲愤，共论到明发[1]。

向来酣斗时，人情愿少歇。

及今数十秋，复谓须岁月。

诸将尔何心，安坐望旄节[2]！

◇注释

[1] 明发：天亮。

[2] 旄（máo）节：使臣所持的信物。

◇译文

客人从京城过来，看他心情悲伤。举杯对饮抚长剑，感叹胡人未灭。我也十分悲慨，一起谈论到天明。向来国家交战的时候，人们都希望停止战事，这是人之常情。可如今北伐金人的事都提了十几年，还说要再等几年。那些反对北伐的将领们，你们有何居心，能够安然地看着旄节。

龙兴寺吊少陵先生寓居

中原草草失承平[1]，戎火胡尘到两京。

扈跸老臣[2]身万里，天寒来此听江声。

◇注释

[1] 承平：太平。

[2] 扈跸（hù bì）老臣：随皇帝出行的大臣，指杜甫。扈，随从。跸，皇上出行的车驾。

◇译文

中原突然失去了往日的太平，安史叛军的战火烧到了长安和洛阳。杜甫老臣孤身流落万里，在寒秋时节来此听这滔滔的江声！

六月十四日宿东林寺

看尽江湖千万峰，不嫌云梦芥[1]吾胸。

戏招西塞山前月，来听东林寺里钟。

远客岂知今再到？老僧犹记昔相逢。

虚窗熟睡谁惊觉？野碓[2]无人夜自舂[3]。

◇注释

[1] 芥：堵塞。

[2] 野碓（duì）：田野里以水为动力舂米谷的工具。

[3] 舂（chōng）：把谷物放在石臼里去除外壳。

◇译文

看尽了各地的山川湖泊，即使云梦泽在我胸中也不会堵塞。招呼西塞山的月亮，与我一起来听东林寺的钟声。我怎么能知道今天还会回到这里？老僧竟然还记得当初的相逢。敞开窗户熟睡，是谁将我惊醒？原来是田野里的水碓还在舂米。

柳桥晚眺

小浦[1]闻鱼跃，横林待鹤归。

闲云不成雨，故傍碧山飞。

◇注释

[1] 小浦：小溪入江河的地方。

◇译文

在小溪边听鱼儿跃水的声音，在交错的树林里等白鹤飞回。几片闲云难以汇聚成雨，在碧绿的山巅飘飞。

临安春雨初霁

世味[1]年来薄似纱，谁令骑马客京华？
小楼一夜听春雨，深巷明朝卖杏花。
矮纸斜行闲作草[2]，晴窗细乳[3]戏分茶。
素衣莫起风尘叹，犹及清明可到家。

◇注释

[1] 世味：社会人情。

[2] 作草：写草书。

[3] 细乳：精品茶。

◇译文

如今的社会人情就像纱一样薄，谁让自己骑马作客京城呢？在小楼上听了一夜的春雨，第二天早上巷子深处有人在卖杏花。悠闲地在纸上斜写草书，雨后初晴，在窗边细细地煎茶、品茶。莫要叹息京城的尘土弄脏了洁白的衣衫，清明节前还来得及回家。

邻曲有未饭被追入郭者悯然有作

春得香秔[1]摘绿葵，县符急急不容炊。

君王日御金华殿，谁诵周家七月[2]诗？

◇注释

[1] 香秔（jīng）：香甜的粳米。秔，“粳”的异体字。

[2] 七月：指《诗经·豳风·七月》，这首诗反映了农民的辛苦生活。

◇译文

刚准备好香米和青菜，还未来得及做饭，县里下发的文书十分火急，就被赶着去缴纳租税。君王在大殿上的时候，谁来向他汇报农民的辛苦呢？

落魄

落魄江湖七十翁，欲持一笑与谁同？
萧萧[1]雪鬓难藏老，寂寂蓬门可讳穷？
好句尚来欹枕[2]处，壮心时在倚楼中。
无涯毁誉何劳诘，骨朽人间论自公。

◇注释

[1] 萧萧：稀疏的样子。

[2] 欹（qī）枕：斜倚枕头。

◇译文

落魄于江湖的老翁已经有70多岁了，想要一笑，但谁能与我心境相同呢？稀疏雪白的头发难以掩盖苍老，寂静的蓬草门可显示出了主人的贫穷？美好的诗句产生于卧床静思时，雄心壮志萌发于登楼眺望时。无边的毁损与赞誉哪用一一诘问，等到尸骨腐朽时世间自会有公正的论断。

老将（二首选一）

忆昔东都有事宜，夜传帛诏起西师。

功名无分身空在，犹指金创说战时。

◇译文

回忆当年汴京有战事，夜里传来诏书号令西北军队。没能建立功名，空留住了性命，还经常指着身上的创伤说着当年的战况。

老马行

老马虺隤[1]依晚照，自计岂堪三品料？
玉鞭金络付梦想，瘦稗枯萁空咀嚼[2]。
中原蝗旱胡运衰，王师北伐方传诏。
一闻战鼓意气生，犹能为国平燕赵。

◇注释

[1] 虺隤（huī tuí）：指马疲劳多病。

[2] 咀噍（jiào）：咀嚼。

◇译文

我如同斜阳照耀下的一匹多病的老马，知道自己不是当大官的料。高官的排场如今都成了一场梦，只能空自咀嚼干瘪的粮食。听闻中原地区有蝗旱之灾，这预示着金国就要衰败了，大宋军队下发了北伐的诏书。一听到战鼓声就意气风发，还能为国家平定敌军。

楼上醉歌

我游四方不得意，阳狂[1]施药成都市。
大瓢满贮随所求，聊为疲民起憔悴。
瓢空夜静上高楼，买酒卷帘邀月醉。
醉中拂剑光射月，往往悲歌独流涕。
刬[2]却君山湘水平，斫[3]却桂树月更明。
丈夫有志苦难成，修名未立华发生。

◇注释

[1] 阳狂：同“佯狂”，假装发狂。

[2] 刬（chǎn）：同“铲”，铲除。

[3] 斫（zhuó）：用刀、斧等砍。

◇译文

我游历四方不得志，佯装发狂在成都市内施舍药物。装满大瓢，随意取用，权且为生病的百姓解决病痛。瓢空后夜深人静登上高楼，买来美酒，卷起帘子邀月同饮。喝醉后轻拂宝剑，剑光直射月亮，常常是独白悲歌流泪。将君山铲平，湘水会更加流畅，将桂花树砍掉，月亮会更加明亮。大丈夫有志难成，还未成名就已白发生。

明妃曲

汉家和亲成故事，万里风尘妾何罪？

掖庭[1]终有一人行，敢道君王弃蕉萃[2]？

双驼驾车夷乐非，公卿谁悟和戎非！

蒲桃宫[3]中颜色惨，鸡鹿塞外行人稀。

沙碛茫茫天四围，一片云生雪即飞。

太古以来无寸草，借问春从何处归？

◇注释

[1] 掖庭：皇宫旁的住所，为妃嫔居住。

[2] 蕉萃：同“憔悴”。

[3] 蒲桃宫：西汉的宫殿名。匈奴来长安时居住于此。

◇译文

汉朝的和亲政策已是惯例，王昭君何罪之有，要遭受万里的风尘？后宫中总有一个女子要远嫁，难道此举是君王为了抛弃姿色不好的女子吗？坐上匈奴的车驾就再也听不到中原的音乐了，大臣们谁能明白用这种方法与匈奴讲和是没有用的！蒲桃宫中情景凄凉，鸡鹿塞外人烟稀少。茫茫四周都是沙漠，飘来一片云就开始下雪。亘古以来这里就寸草不生，想问春天从哪里来呢？

梦中行荷花万顷中

天风无际路茫茫，老作月王风露郎[1]。

只把千尊为月俸，为嫌铜臭杂花香。

◇注释

[1] 风露郎：作者虚拟的官职，掌管风露。

◇译文

万顷荷花茫茫无际，我担任月王的风露郎。每月只要千樽美酒作为俸禄，因为嫌弃铜臭味玷污了荷花香。

梅花绝句（六首选一）

闻道梅花坼[1]晓风，雪堆[2]遍满四山中。

何方可化身千亿，一树梅前一放翁？

◇注释

[1] 坼（chè）：裂开。这里是花开的意思。

[2] 雪堆：形容梅花开得多，如同堆积的雪花一样。

◇译文

听说梅花在清晨的寒风中开放，如雪压枝一般遍布山野。用什么方法可以有千亿个化身，那样我就可以站在每一树梅花前欣赏？

暮秋（六首选一）

舍前舍后养鱼塘，溪北溪南打稻场。

喜事一双黄蛱蝶[1]，随人往来弄秋光。

◇注释

[1] 蛱蝶：蝴蝶。

◇译文

房屋的前后是养鱼的池塘，小溪的南北是稻谷堆积的打稻场。一双黄蝴蝶更增添了喜悦的氛围，随着人们忙碌的身影在秋天的阳光下起舞。

南堂卧观月

河汉[1]横斜星宿稀，卧看凉月入窗扉。

恍如北戍梁州[2]日，睡觉清霜满铁衣。

◇注释

[1] 河汉：银河。

[2] 梁州：诗人驻守南郑（今陕西汉中）。南郑，古时属于梁州。

◇译文

银河横斜，星星稀疏，躺着看清凉皎洁的月光照在窗户上。恍然间回到了戍守梁州的日子，醒来铁衣上结满了清霜。

农家叹

有山皆种麦，有水皆种秔。

牛领疮见骨，叱叱犹夜耕。

竭力事本业，所愿乐太平。

门前谁剥啄，县吏征租声。

一身入县庭，日夜穷笞搒[1]。

人孰不惮死，自计无由生。

还家欲具说，恐伤父母情。

老人傥得食，妻子鸿毛轻！

◇注释

[1] 笞搒（chī péng）：严刑拷打。

◇译文

山上都种上麦子，水里都种上稻子。耕牛的脖子被磨得鲜血淋漓，可以看到骨头，到了夜里仍然在耕地。百姓尽力地将本业做好，希望天下太平，安居乐业。是谁在门前敲门，原来是县吏收租的声音。我被抓进官府中，日夜严刑拷打。谁能不怕死呢，心中想着这次性命难保。放我回家时想要说出遭遇，又害怕伤害父母之情。如果老人能吃饱，妻子、儿女的生命又算得了什么。

秋夜将晓，出篱门迎凉有感（二首选一）

三万里河[1]东入海，五千仞岳[2]上摩天。
遗民[3]泪尽胡尘里，南望王师又一年！

◇注释

[1] 三万里河：指黄河。

[2] 五千仞岳：指西岳华山。

[3] 遗民：沦陷于金的宋朝人民。

◇译文

黄河奔腾东流入海，华山峭立直插云霄。受金人压迫的宋朝人民流尽了眼泪，年复一年地望着南方，盼着宋朝的军队来北伐。

秋声

人言悲秋难为情，我喜枕上闻秋声。
快鹰下鞲[1]爪觜健，壮士抚剑精神生。
我亦奋迅起衰病，唾手便有擒胡兴。
弦开雁落诗亦成，笔力未饶[2]弓力劲。
五原草枯苜蓿空，青海萧萧风卷蓬。
草罢捷书重上马，却从銮驾下辽东。

◇注释

[1] 鞲（gōu）：皮革制成的臂套。

[2] 饶：衰退。

◇译文

人们说起秋天都难以控制悲伤的感情，我在枕上听到秋天的声音很高兴。迅捷的鹰从手臂上飞起，鸟嘴锋利，壮士抚摸着剑精神焕发。我迅速从衰病卧床的状态中起身，擒拿胡人的兴致高涨，引弓射箭，大雁坠落，此时诗也写成，写诗的能力没有衰退，弓箭的力量也很强劲。西北边地野草枯黄，牧草也空了，青海的风卷着蓬草萧萧作响，起草完捷报又重新上马，跟随皇帝的车驾东征辽东。

秋晚登城北门

幅巾藜杖[1]北城头，卷地西风满眼愁。
一点烽传散关信，两行雁带杜陵秋。
山河兴废供搔首，身世安危人倚楼。
横槊赋诗[2]非复昔，梦魂犹绕古梁州。

◇注释

[1] 藜杖：藜茎做的手杖。

[2] 横槊赋诗：横着长矛赋诗。

◇译文

扎着头巾拄着藜杖伫立在北城头，西风卷地满眼愁绪。一点烽火传来大散关的战况，两行大雁带来长安杜陵的秋天。国家的废毁让人搔首感叹，处境艰危时我倚楼伤怀。在军中赋诗的光景已经过去很久了，仍时时魂绕梦萦那古时的梁州！

秋旱方甚，七月二十八夜忽雨，喜而有作

嘉谷如焚稗草[1]青，沉忧耿耿欲忘生。

钧天九奏箫韶乐[2]，未抵虚檐泻雨声。

◇注释

[1] 稗（bài）草：样子像稻子的一种杂草。

[2] 箫韶乐：为舜所作的乐曲。

◇译文

稻谷如同被焚烧过，稗草却长得青绿茂盛，心中深深地担忧它干涸而死。天上演奏《箫韶》乐，都比不上屋檐下雨水倾泻的声音。

秋日郊居（八首选三）

其一

山雨霏微鸭头水，溪云细薄鱼鳞天。

幽寻自笑本无事，羽扇筇枝[1]上钓船。

其二

行歌曳杖到新塘，银阙瑶台无此凉。

万里秋风菰菜[2]老，一川明月稻花香。

其七

儿童冬学[3]闹比邻，据案愚儒却自珍。

授罢村书闭门睡，终年不著面看人。

◇注释

[1] 筇（qióng）枝：筇竹制成的拐杖。

[2] 菰（gū）菜：生长在浅水里的植物，俗称“茭白”。

[3] 冬学：指农村在冬闲时开办的季节性学校。

◇译文

山下细雨朦胧，鸭子在池塘里戏水，天上布满鱼鳞般的云彩。自笑没有本事去探访幽静之处，拄着拐杖，拿着羽扇登上了钓船。

拄着拐杖边走边唱到了新塘，天上的银阙瑶台也没有这里凉快吧。秋风吹来，菰菜开始变老，一轮明月照着稻田，飘来阵阵清香。

儿童在冬学里读书，吵闹得邻居不得安宁，教书先生靠在书案上闭目养神。上完课后关门睡觉，一年到头都不正脸看人。

遣兴

耆旧[1]日凋谢，将如此老何？

懑拈如意舞，狂叩唾壶歌。

郡县轻民力，封疆恃虏和。

功名莫看镜，吾意已蹉跎。

◇注释

[1] 耆（qí）旧：年高望重的人。

◇译文

年高望重的老人渐渐地都去世了，我不知还能活多久？愤懑时拿起如意挥舞，击打着唾壶高歌。郡县的官员不爱护百姓，边防全靠与金国讲和。我取得功名又如何，不能看镜中的自己，我的志气已经被消磨了。

琴剑

流尘冉冉琴谁鼓，渍血斑斑剑不磨。

俱是人间感怀事，岂无壮士为悲歌？

◇译文

琴上布满灰尘，无人弹奏，剑上血迹斑斑，无人打磨。人间都是令人感慨伤心的事，难道没有壮士悲歌，为自己鸣不平吗？

示子遹[1]

我初学诗日，但欲工藻绘。
中年始少悟，渐若窥宏大。
怪奇亦间出，如石漱湍濑[2]。
数仞李杜墙，常恨欠领会。
元白才倚门，温李真自郐。
正令笔扛鼎[3]，亦未造三昧。
诗为六艺一，岂用资狡狯[4]？
汝果欲学诗，工夫在诗外。

◇注释

[1] 子遹（yù）：陆游第七子。

[2] 湍濑：石上的急流。

[3] 扛鼎：用手举鼎，比喻笔力雄健。

[4] 狡狯（kuài）：游戏。

◇译文

我一开始学诗的时候，只追求辞藻华丽。到了中年才开始稍微领悟，渐渐向宏达的诗境转变。期间也时常有怪奇的诗歌出现，如同顽石被流水冲洗。李白、杜甫的诗歌成就像高墙一样，我常常遗憾自己不能深刻领会。元稹、白居易的诗歌才到达了门口，温庭筠、李商隐的诗歌不值一提。即便笔力雄健，也未能把握诗歌创作的要诀。诗歌是六艺之一，怎能当成游戏？你果真要学诗的话，功夫应当用在诗外对生活的感悟上。

示儿

死去元知[1]万事空，但悲不见九州同。

王师北定中原日，家祭无忘告乃翁。

◇注释

[1] 元知：本来知道。

◇译文

原本就知道死了之后什么也没有了，只是因为没有见到中原统一而悲伤。等到大宋军队收复中原失地的那一天，家祭的时候不要忘记告诉我。

十一月四日风雨大作（二首选一）

僵卧孤村不自哀，尚思为国戍轮台。

夜阑卧听风吹雨，铁马冰河入梦来。

◇译文

困顿在偏僻的村庄不为自己感到哀伤，还想着为国家戍守边疆。夜深时躺在床上听着外面的风雨声，梦见自己骑着战马渡过冰冻的黄河。

送七兄赴扬州帅幕

初报边烽照石头[1]，旋闻胡马集瓜州。
诸公谁听刍荛[2]策？吾辈空怀畎亩[3]忧！
急雪打窗心共醉，危楼望远涕俱流。
岂知今日淮南路？乱絮飞花送客舟。

◇注释

[1] 石头：石头城，即建康。

[2] 刍荛（chú ráo）：割草打柴，这里代指百姓。

[3] 畎（quǎn）亩：田地。畎，田里的小沟。

◇译文

刚刚听说战事到了建康，又听到金人的兵马在瓜州集结。朝中当政的人有谁愿意听百姓的意见呢？我们只有在田间空自担忧。急雪打在窗户上，我的心也随着雪一起碎了，站在高楼上远望泪流不止。谁知道今日，我在落花飞絮的时节送你的客船去扬州。

三月十七日夜醉中作

前年脍[1]鲸东海上，白浪如山寄豪壮。
去年射虎南山秋，夜归急雪满貂裘。
今年摧颓[2]最堪笑，华发苍颜羞自照。
谁知得酒尚能狂，脱帽向人时大叫。
逆胡未灭心未平，孤剑床头铿有声。
破驿梦回灯欲死，打窗风雨正三更。

◇注释

[1] 脍：把肉切成薄片。

[2] 摧颓：衰老、颓丧的样子。

◇译文

前年在东海上切鲸鱼肉吃，卷起的白色巨浪如同山一样，我满怀豪情壮志。去年秋天在南山上射虎，夜里归来的时候急雪沾满了貂皮制的大衣。今年我衰老颓丧的样子最可笑，头发花白，面容苍老羞于照镜子。谁知道喝了酒后还能张狂，脱下帽子对着人大喊大叫。不消灭金人，我的心就不会平静，床头的剑锵然有声。破旧的驿馆里灯火将要熄灭，三更半夜时分风雨拍打着窗户。

宿枫桥

七年不到枫桥寺[1]，客枕依然半夜钟。

风月未须轻感慨，巴山此去尚千重。

◇注释

[1] 枫桥寺：在枫桥附近。唐代诗僧寒山曾居住于此，故又名寒山寺。唐代诗人张继的《枫桥夜泊》即作于此。

◇译文

七年没到枫桥边的寒山寺，夜里依然枕着钟声入眠。我不能轻易感慨这里的美好景物，此去蜀地，途中还有千重关山的阻隔。

书愤

早岁那知世事艰？中原北望气如山。

楼船[1]夜雪瓜州渡，铁马秋风大散关。

塞上长城空自许[2]，镜中衰鬓已先斑。

出师一表真名世，千载谁堪伯仲间？

◇注释

[1] 楼船：外观似楼的战船。

[2] 自许：自我期许。

◇译文

年轻时不懂得世事的艰难，北望中原气势如山。金兵的楼船雪夜里从瓜州渡江，秋风中敌人的战马踏进了大散关。自己曾登上长城许下报国的愿望，如今镜中的我鬓发斑白，北伐无望。《出师表》真是名不虚传，千年来有谁能和诸葛亮相提并论呢？

书愤

白发萧萧卧泽中，只凭天地鉴孤忠。
厄穷苏武[1]餐毡久，忧愤张巡[2]嚼齿空。
细雨春芜上林苑，颓垣夜月洛阳宫。
壮心未与年俱老，死去犹能作鬼雄。

◇注释

[1] 苏武：西汉人，出使匈奴时被扣留，十九年持节不屈。

[2] 张巡：唐代人，安史之乱时抵抗叛军，每次作战都神情慷慨。

◇译文

我已白发稀疏，住在别业的镜湖上，一片忠心天地可鉴，却报国无门。苏武困顿时吃毛毡饱腹，张巡愤慨将牙齿都咬碎。细细的春雨飘在上林苑的杂草上，清冷的月亮照着残败的洛阳宫。我的雄心壮志没有与年龄一起衰老，死了依然能做鬼中豪杰。

书怀

老死已无日，功名犹自期，

清笳太行[1]路，何日出王师？

◇注释

[1] 太行：太行山，当时被金人占领。

◇译文

距离老死的日子已经不多了，仍然期待着为国立功。凄清的胡笳声在太行山路上响起，大宋什么时候能够出兵呢？

书感

壮岁功名妄自期，晚途流落鬓成丝，
临风画角晓三弄，酿雪野云寒四垂。
金锁甲思酣战地，皂貂裘[1]记远游时，
此心炯炯空添泪，青史他年未必知。

◇注释

[1] 皂貂裘：黑色的貂皮衣。

◇译文

年少时以为自己能够建立功名，到了老年还在漂泊，鬓发斑白。清晨临着风吹奏三遍画角，将要下雪的乌云四面低垂。金锁甲引起了我对战地的思念，黑貂裘标记着我远游的日子。我虽有一颗赤诚之心却只能空自流泪，今后未必能留在青史之中。

书戒

我幼事父师，熟闻忠厚言，
治身接物间，要使如春温。
鞭朴[1]不可弛，此语实少恩。
但能交相爱，余亦何足论。
家贫赖奴婢，炊汲与应门[2]，
余力具茗药，夕饭或至昏。
有过尚当贳[3]，况可使烦冤！
出仕推此心，所乐在平反。
宁坐软弱废，促驾归丘园。
吾老死无日，作诗遗子孙。

◇注释

[1] 鞭朴：用作刑具的鞭子和棍棒。

[2] 应门：照应门户、守候和应接叩门的人。

[3] 贳（shì）：赦免。

◇译文

我幼年受到父母和师长的教诲，经常听到他们教人忠厚的言论。毕生待人接物要做到和暖如春。人们常说对于下人以棍棒管治的方式不能松弛，这样的说法实在是没有恩德。如果能做到相互关爱，其他的又有什么值得一提呢？家中全靠奴婢炊饭汲水，看家护院。有余钱的时候才考虑饮茶和吃药，到了黄昏才吃饭。奴婢有了过错应保持原谅的态度，更何况使他们受到委屈。你们在外做官，要秉持这样的原则，乐意为人平反冤屈。被指责为政软弱也不必挂心，大不了驾车回乡。我已经时日不多，作此诗告诫子孙。

沈园[1]两首

其一

城上斜阳画角哀，沈园非复旧池台。

伤心桥下春波绿，曾是惊鸿照影来。

其二

梦断香消四十年[2]，沈园柳老不吹绵。

此身行作稽山土，犹吊遗踪一泫然[3]。

◇注释

[1] 沈园：故址在今浙江绍兴。是当时陆游和妻子唐氏经常游览之地。

[2] 四十年：陆游曾经在禹迹寺邂逅唐婉，写此诗时已过去了四十四年。

[3] 泫然：流泪的样子。

◇译文

夕阳西下，城墙上传出哀伤的号角声，沈园已不是原来的池塘和亭台了。那座令人伤心的桥下春水依然清澈碧绿，曾经照映过她美丽的身影。

距离上次邂逅已经过去了四十年，沈园的柳树老得结不出柳絮。我很快也会成为稽山上的一抔土，仍然过来凭吊你曾经的踪迹，不禁黯然泪下。

山村经行因施药[1]（五首选一）

驴肩每带药囊行，村巷欢欣夹道迎。

共说向来曾活我，生儿多以陆为名。

◇注释

[1] 施药：为百姓送药。

◇译文

每次骑驴带着药囊出行，村巷里的人们都很快乐，夹道欢迎。都说曾经治好了他的病，使他获得了重生，生儿子多以“陆”作为名字。

听雨

发已成丝齿半摇，灯残香烬夜迢迢。

天河不洗胸中恨[1]，却赖檐头雨滴消。

◇注释

[1] 恨：指国家未能收复失地，诗人壮志未酬的遗憾。

◇译文

头发变白，牙齿松动，灯烛和薰香将要燃尽，漫漫长夜。银河洗不尽我心中的遗恨，却怨屋檐雨滴停了。

题海首座侠客像

赵魏[1]胡尘千丈黄，遗民膏血饱豺狼。

功名不遣斯人[2]了，无奈和戎白面郎！

◇注释

[1] 赵魏：指金人侵占的黄河两岸地区。

[2] 斯人：指侠客像。

◇译文

北方国土里金人扬起了千丈尘土，沦陷区人民的民脂民膏喂饱了他们。南宋不派像画中一样英勇的豪杰去杀敌，无奈只让懦弱的大臣去议和！

叹俗

风俗陵夷[1]日可怜，乞墦[2]钳市亦欣然。

看渠皮底元无血，那识虞卿鲁仲连[3]！

◇注释

[1] 陵夷：衰败。

[2] 乞墦（fán）：乞讨坟墓上的食物。

[3] 虞卿鲁仲连：虞卿，战国时游说名士。鲁仲连，齐国人，长于辩论，风格高洁。

◇译文

风俗衰败，日益让人叹息，乞讨墓地上祭祀的食物，以铁束颈游街还很得意。他们的皮下原来是没有血的，哪里知道虞卿和鲁仲连呢！

铜雀妓

武王[1]在时教歌舞，那知泪洒西陵[2]土。

君已去兮妾独生，生何乐兮死何苦。

亦知从死非君意，偷生自是惭天地。

长夜昏昏死实难，孰知妾死心所安。

◇注释

[1] 武王：指曹操。

[2] 西陵：曹操的陵墓。

◇译文

当年你教我学习歌舞，谁知今日泪洒西陵。你走后我独自生活在世上，当初多么欢乐，现在又是多么痛苦啊！我知道陪你一起死并不是你的意愿，但是苟且偷生，愧于天地。度过这漫漫长夜对我来说比死还难，你知不知道只有我死了才能心安。

晚泊

半世无归似转蓬，今年作梦到巴东。
身游万死一生地，路入千峰百嶂中。
邻舫有时来乞火，丛祠无处不祈风[1]。
晚潮又泊淮南岸，落日啼鸦戍堞[2]空。

◇注释

[1] 祈风：向神灵祷告，祈求一帆风顺。

[2] 戍堞（dié）：边关高台上的矮墙。

◇译文

半生没有归宿如同飞蓬飘转，今年像做梦一样来到了夔州。到了这样万死一生的地方，进入千山的屏障之中。邻船上的人有时候过来借火，岸边的寺庙里到处都有人在祈求一帆风顺。晚潮来临时船泊在淮水南岸，乌鸦在夕阳下啼叫，戍楼城墙上空无一人。

武昌感事

百万呼卢[1]事已空，新寒拥褐[2]一衰翁。
但悲鬓色成枯草，不恨生涯似断蓬。
烟雨凄迷云梦泽，山川萧瑟武昌宫。
西游处处堪流涕，抚枕悲歌兴未穷。

◇注释

[1] 百万呼卢：刘裕一掷百万，赌注极大，这里用刘裕呼卢之事比喻在政治中的非凡作为。呼卢，古代的一种博戏。

[2] 褐：粗布衣服。

◇译文

我建功立业的远大抱负成了空，现在是初寒时穿着粗布衣服的老翁。只是悲叹两鬓如草一样枯黄，不恨人生如断蓬漂泊不定。武昌一带烟雨凄迷，山川萧瑟。去往夔州的路上，处处景物都让人流泪，心情感慨，悲歌一曲，情绪久久难以平复。

五鼓不得眠起酌一杯复就枕

栖冷鸡声咽，窗深烛焰明。

流年容易过，华发等闲生。

浊挹连醅酒[1]，香搓带叶橙。

残骸付蝼蚁，汗简更须名。

◇注释

[1] 挹（yì）：用器具把液体盛出来。连醅（pēi）酒：连同酒渣一起喝的酒。醅，未过滤的酒。

◇译文

栖息地变冷，鸡鸣声也停了，夜深了烛光更加明亮。时光易逝，白发轻易就长了出来。舀出一杯浊酒，搓着带叶的香橙。死后的遗骸交给蝼蚁，要在史册上留下姓名。

闻雁

过尽梅花把酒稀，熏笼香冷[1]换春衣。

秦关汉苑[2]无消息，又在江南送雁归。

◇注释

[1] 熏笼香冷：到了春天，不再使用熏笼取暖，所以“香冷”。

[2] 秦关汉苑：指关中地区。

◇译文

梅花开尽之后，喝酒的次数也少了，熏笼的香灰已冷，人们都换上了春天的衣服。没有收复关中地区的消息，又一年在江南送走北归的大雁。

雪中寻梅（二首选一）

幽香淡淡影疏疏，雪虐风饕[1]亦自如。

正是花中巢许辈[2]，人间富贵不关渠[3]。

◇注释

[1] 饕（tāo）：原意为贪婪，这里指凶狠地摧残。

[2] 巢许辈：巢父、许由之类的人，均为高洁之士。

[3] 不关渠：与它无关。渠，代词，指梅花。

◇译文

梅花香气清幽，稀疏的影子错落有致，在风雪的摧残下依然如故。它是花中的高洁之士，人间的富贵都与它无关。

小雨极凉舟中熟睡至夕

舟中一雨扫飞蝇，半脱纶巾卧翠藤。

清梦初回窗日晚，数声柔橹[1]下巴陵。

◇注释

[1] 柔橹：轻柔的船橹划水声。

◇译文

行舟江上，一阵小雨赶走了飞蝇，半解头巾躺在舟中的藤床上。一场清梦刚醒，看到窗外已是傍晚，轻柔的船橹声伴随着我前往巴陵。

小园

小园烟草[1]接邻家，桑柘[2]阴阴一径斜。

卧读陶诗未终卷，又乘微雨去锄瓜。

◇注释

[1] 烟草：荒草。

[2] 桑柘（zhè）：桑树和柘树。

◇译文

小园里的荒草长到了邻家，桑树和柘树成排，浓密幽暗。躺在床上读陶渊明的诗，还未读完全书，又趁着小雨去种瓜。

戏咏村居（二首选一）

马迹车声断已无，邻翁笑语自相呼。

衣裁大布如亭长，船设低篷学钓徒。

愍物[1]欲师僧施食，畏人愁报吏催租。

陈蕃[2]壮志消磨尽，一室从今却扫除。

◇注释

[1] 愍（mǐn）物：怜悯生物。愍，同“悯”。

[2] 陈蕃：东汉名臣。曾曰：“大丈夫处世当扫除天下，安一室乎？”

◇译文

回家后车马声完全听不到了，邻居家的老翁笑着和我打招呼。衣衫宽大，如同亭长的官服，也学钓鱼人在低矮船篷下垂钓。像高僧一样怜悯生灵施舍食物，最让人发愁的是小吏上门催租。陈蕃的壮志已被消磨尽，从今往后还是只打扫自己的小院子吧。

夏日杂题（八首选二）

其七

憔悴衡门[1]一秃翁，回头无事不成空。

可怜万里平戎志，尽付萧萧暮雨中。

其八

衰疾沉绵短鬓疏，凄凉圯上[2]一编书。

中原久陷身垂老，付与囊中饱蠹鱼[3]。

◇注释

[1] 衡门：横木为门，指居所简陋。

[2] 圯上：此处用圯上老人的典故。《史记·留侯世家》中记载，张良在圯上遇见一老人，为之取鞋。老人几日后送给他一部兵书。告诉他读了这部书，就可以做帝王的军师了。

[3] 蠹鱼：又叫书虫，喜欢吃糖类及淀粉类食物。

◇译文

我是简陋居所里的一个秃头老翁，回头看看这辈子一事无成。可怜万里杀敌的远大抱负，都在萧萧暮雨中化为空。

疾病缠身，经久不愈，鬓发稀疏，一生凄凉，只留有一卷兵书。中原地区长久沦陷，我也垂垂老矣，把军书放入囊中去喂书虫吧。

夏日六言（四首选一）

溪涨清风拂面，月落繁星满天。

数只船横浦口[1]，一声笛起山前。

◇注释

[1] 浦口：小河注入江海的入海口。

◇译文

溪水上涨，清风拂面，月亮下沉，繁星点点。数只小船横在浦口，一阵悠扬的笛声从远山里传来。

新春

老境三年病，新元十日阴。

疏篱枯蔓缀[1]，坏壁绿苔侵。

忧国孤臣泪，平胡壮士心。

吾非儿女辈，肯赋白头吟？

◇注释

[1] 缀：缠绕。

◇译文

暮年得病已经三年了，新年里连着十日都是阴天。稀疏的篱笆上缠绕着干枯的藤蔓，破败的墙壁被苔藓侵蚀。时常因忧国流泪，空有平定金人的壮心。我并不是儿女情长之辈，怎么会作这些感慨年老白头的诗篇？

游山西村

莫笑农家腊酒浑，丰年留客足鸡豚[1]。

山重水复疑无路，柳暗花明又一村。

箫鼓追随春社[2]近，衣冠简朴古风存。

从今若许闲乘月，拄杖无时夜扣门。

◇注释

[1] 豚：小猪，泛指猪。

[2] 春社：立春之后第五个戊日为春社日，人们祭祀土神，祈求丰收。

◇译文

不要笑农家腊月里酿造的酒浑浊，丰收的年月农家用鸡肉、猪肉来招待客人。山水重重阻隔，以为前面无路可走，忽然间看到一个柳树葱茏、鲜花艳丽的村庄。村中乐声阵阵，显示着春社就要到了，这里的人们衣着简朴，保留着古代的风俗。今后如果有闲暇时间，我会乘着月色，拄着拐杖来这里扣门拜访。

岳池农家

春深农家耕未足，原头叱叱[1]两黄犊。
泥融无块水初浑，雨细有痕秧正绿。
绿秧分时风日美，时平未有差科[2]起。
买花西舍喜成婚，持酒东邻贺生子。
谁言农家不入时，小姑画得城中眉。
一双素手无人识，空村相唤看缫丝[3]。
农家农家乐复乐，不比市朝[4]争夺恶。
宦游所得真几何？我已三年废东作。

◇注释

[1] 叱叱：赶牛的吆喝声。

[2] 差科：官府的徭役。

[3] 缫丝：把蚕茧浸在热水里，抽出蚕丝。

[4] 市朝：市场和官场。

◇译文

春意正浓，农家的耕作还未结束，农民正在田间吆喝着两头黄牛耕田。田里的泥土完全融化在水中，刚刚犯浑，细雨如丝，秧苗绿油油的。插秧的时候，风和日丽，官府也没有徭役，人们买了花向西边的邻居祝贺成婚之喜，端着酒向东边的邻居祝贺生子之喜。谁说农家人不时尚，姑娘们画的眉毛正是城里流行的样式。那一双双洁净白皙的手没人关注，大家都相唤着出门看她们缫丝的高超技巧。农家的欢乐无穷，不像市场和官场上争名夺利。我四处奔走做官有什么成就呢？已经三年没有从事农耕了。

弋阳道中遇大雪

我行江郊暮犹进，大雪塞空迷远近。

壮哉组练[1]从天来，人间有此堂堂阵？

少年颇爱军中乐，跌宕不耐微官缚。

凭鞍寓目[2]一怅然，思为君王扫河洛。

夜听簌簌窗纸鸣，恰似铁马相磨声。

起倾斗酒歌出塞，弹压胸中十万兵。

◇注释

[1] 组练：组甲和披练均为古代士兵穿的甲衣，因其为白色，这里用来比喻大雪。

[2] 寓目：放眼望去。

◇译文

傍晚我还在江边赶路，大雪漫天让人看不清路的远近。如战士甲衣一样洁白的雪花从空中纷纷而下，人间竟然有这样壮观盛大的阵容？我年少时十分喜爱军中生活，不愿被小小的官位束缚。骑着战马怅然四望，希望为君王清扫中原的入侵者。夜里听到雪打窗纸簌簌响，就好像披着铁甲的战马相摩擦。起身倒酒唱着出塞歌，抑制心中征伐金人的冲动。

夜归

疏钟[1]渡水来，素月依林上。

烟火认茅庐，故倚船篷望。

◇注释

[1] 疏钟：稀疏的钟声。

◇译文

河对岸传来稀疏的钟声，洁白的月亮升到树林上。借着炊烟和灯火能够认出自己的茅庐，所以倚着船篷眺望。

夜登白帝城楼怀少陵先生

拾遗[1]白发有谁怜，零落歌诗遍两川。
人立飞楼[2]今已矣，浪翻孤月尚依然。
升沉自古无穷事，愚智同归有限年。
此意凄凉谁共语，夜阑鸥鹭起沙边。

◇注释

[1] 拾遗：指杜甫，曾任左拾遗一职。

[2] 飞楼：指白帝城，杜甫在夔州任职时多次登白帝城赋诗。

◇译文

有谁怜惜杜甫的白发，他飘零流落之时作的各种诗歌遍布巴蜀之地。如今他已不在白帝城楼凭栏赋诗了，翻滚的浪花和一轮孤月还是一如往常。人生的沉浮自古以来就是无穷尽的事，不管是聪明还是愚笨的人年寿都有限。心中的凄凉可以向谁诉说呢，残夜时分鸥鹭从沙岸上飞起。

夜闻秋风感怀

西风一夜号庭树，起揽戎衣泪溅襟。
残角声催关月堕，断鸿影隔塞云深。
数篇零落从军作[1]，一寸凄凉报国心。
莫倚壮图思富贵，英豪何限死山林。

◇注释

[1] 从军作：在南郑从军的诗作。

◇译文

西风吹着庭院里的树木，一夜怒号，抚摸着军衣，眼泪沾湿了衣襟。军营中稀落的号角声催着边地的月亮落下，云深处有失群孤雁的影子。几篇在南郑从军时的诗作，显示了我一片失落的报国之心。不要以取得富贵为宏图壮志，无数英雄豪杰只能在闲居中终老。

夜泊水村

腰间羽箭久凋零，太息燕然未勒铭。

老子犹堪绝大漠，诸君何至泣新亭[1]。

一身报国有万死，双鬓向人无再青。

记取江湖泊船处，卧闻新雁落寒汀。

◇注释

[1] 新亭：又名劳劳亭，此处用东晋士人“新亭对泣”的典故暗示当政者安于现状，无志抗争。

◇译文

腰上的羽箭佩戴久了已残破脱落，只叹未破贼立功到燕然山刻记功名。我尚能穿越广阔的沙漠，诸君却在新亭对泣。我虽有万死不辞的报国志向，但双鬓斑白不能再转黑。应记住江湖泊船处，我卧在船上听见新雁来到寒洲上的叫声。

夜归偶怀故人独孤景略[1]

买醉村场[2]半夜归，西山落月照柴扉。

刘琨[3]死后无奇士，独听荒鸡泪满衣！

◇注释

[1] 独孤景略：名策，字景略，河中人，文武兼备。陆游十分赞赏他，称之为“奇士”。

[2] 村场：村中酒馆。

[3] 刘琨：晋人，与祖逖为好友。他们闻鸡起舞，成为能文能武的全才。

◇译文

在村中酒馆喝醉后半夜回家，西山的落月照在柴门上。刘琨死后再无奇士，独自听着鸡叫泪湿衣襟。

夜读范至能揽辔录[1]，言中原父老见使者多挥涕。感其事，作绝句

公卿有党排宗泽[2]，帷幄无人用岳飞。

遗老不应知此恨，亦逢汉节解沾衣。

◇注释

[1] 揽辔录：范成大出使金国时所写的书。

[2] 宗泽：宋朝名臣，力主出兵抗金。

◇译文

公卿大臣结成死党排挤忠臣宗泽，军中没有人肯重用岳飞。沦陷于金国的宋国子民应当不知道这样的事，但他们看到宋朝使者，还是忍不住泪湿衣襟。

夜雨

空阶雨声夜转急，壁疏窗破凄风入。
一灯袅袅吹欲灭，老生独傍书架立。
取书欲读辄复休，却行出门搔白头。
市楼卖酒日千斛，众人皆乐君胡忧？

◇译文

台阶上的雨声到了夜里变得急促，墙壁单薄，窗户破旧，凄冷的风吹了进来。一盏灯火将要被风吹灭，我独自站立在书架旁。想要拿本书读又作罢，想要出门就习惯性地挠头上的白发。市楼上每天能卖千斛酒，大家都很快乐，你在忧愁什么呢？

夜读兵书

孤灯耿霜夕，穷山读兵书。
平生万里心，执戈王前驱。
战死士所有，耻复守妻孥[1]。
成功亦邂逅，逆料政自疏。
陂泽[2]号饥鸿，岁月欺贫儒。
叹息镜中面，安得长肤腴？

◇注释

[1] 妻孥：妻子和子女。

[2] 陂（bēi）泽：池塘。

◇译文

秋夜里点一盏孤灯，在云门山的书堂里苦读兵书。我一生的理想抱负，就是驰骋沙场，为国杀敌。战死疆场，才应是士兵的气节，我耻于回去守着妻儿。

建功立业要看机遇，预料未来是不切实际的事。人们忍饥挨饿，流离失所，岁月如梭，欺我一无所成。看着镜中日渐衰老的容颜叹息，皮肤怎么会一直丰满润泽呢？

园中偶题（四首选一）

春深无处不春风，数树桃花乃尔红[1]！
莺蝶纷纷自常事，不应也著白头翁。

◇注释

[1] 乃尔红：如此红。

◇译文

春意浓郁，春风徐徐，数棵桃花开得如此红！莺蝶纷飞是很平常的事，但是不该在我这个白发老翁头上飞来飞去。

战城南

王师出城南，尘头暗城北。

五军战马如错绣，出入变化不可测。

逆胡欺天负中国，虎狼虽猛那胜德。

马前嗢咿[1]争乞降，满地纵横投剑戟。

将军驻坡拥黄旗，遣骑传令勿自疑。

诏书许汝以不死，股栗何为汗如洗？

◇注释

[1] 嗢咿（wà yī）：形容听不懂或听不清的言辞。

◇译文

宋军出征，战尘飞扬。军队的战马错杂排列如同锦绣，队列变化莫测。金军违背天意侵略中原，他们是虎狼之师，虽然勇猛也不能战胜有道德的宋朝军队。金人在马前争着投降，满地都是剑和戟。将军在旌旗的簇拥下驻马高坡，派骑兵传令：投降的人会得到宽大处理，不要怀疑。宋朝皇帝已经下诏饶恕你们不死，为何你们还要两腿战栗，汗流如洗？

枕上

枕上三更雨，天涯万里游。

虫声憎好梦，灯影伴孤愁。

报国计安出，灭胡心未休。

明年起飞将[1]，更试北平秋[2]。

◇注释

[1] 飞将：西汉著名将军李广。

[2] 秋：防秋，秋季游牧民族马肥，易侵略汉人，需要严加防守。

◇译文

三更时在枕上听到雨声，人在天涯，离家万里。虫子好像憎恨我做好梦，叫个不停，只有灯影伴着我，孤独忧愁难眠。报国有什么良策呢，攻打金人的心仍未休止。明年以飞将李广为榜样，在防秋的时候将侵略者赶出中原。

醉歌

我饮江楼上，阑干四面空；
手把白玉船[1]，身游水精宫。
方我吸酒时，江山入胸中，
肺肝生崔嵬[2]，吐出为长虹，
欲吐辄复吞，颇畏惊儿童[3]。
乾坤大如许，无处着此翁。
何当呼青鸾，更驾万里风。

◇注释

[1] 白玉船：白玉制成的酒杯，形状如船。

[2] 崔嵬：高山。

[3] 儿童：借指凡俗之辈。

◇译文

我在江边的楼阁上饮酒，栏杆四面开阔，手里端着酒杯，仿佛身体在水晶宫中游览。我在喝酒时，仿佛江山都入我怀中，肝肺之间长出了高山，吐出来的是彩虹，想要吐气的时候又吞了进去，害怕惊吓了凡俗之辈。乾坤如此大，我却无处安身。何时才能呼叫青鸾，驾着它乘风上天。

自合江亭涉江至赵园

政为梅花忆两京，海棠又满锦官城。
鸦藏高柳阴初密，马涉清江水未生。
风掠春衫惊小冷，酒潮玉颊见微赪[1]。
残年飘泊无时了，肠断楼头画角声。

◇注释

[1] 赪（chēng）：红色。

◇译文

因为看到梅花而怀念东京和西京，成都又开满了海棠花。乌鸦藏在高高的浓密的柳树中，骑马从还未涨水的清江经过。风吹过春衣发觉有些微冷，酒后两颊微红。晚年的漂泊没有尽头，听到城楼上的画角声，伤心肠断。

陆游词

卜算子·咏梅

驿外断桥边，寂寞开无主[1]。已是黄昏独自愁，更着[2]风和雨。

无意苦争春，一任群芳妒。零落成泥碾作尘，只有香如故。

◇注释

[1] 无主：无人看护。

[2] 着：经受。

◇译文

驿站外的断桥边，梅花寂寞地开放，无人观赏。本来到了黄昏就令人发愁，更何况又经历风雨摧残。

无意在春天争奇斗艳，对百花的嫉妒毫不在乎。花瓣零落被碾成泥土，仍散发出阵阵幽香。

钗头凤·红酥手

红酥手，黄縢酒[1]，满城春色宫墙柳。东风恶，欢情薄，一怀愁绪，几年离索，错、错、错。

春如旧，人空瘦，泪痕红浥鲛绡透[2]。桃花落，闲池阁，山盟虽在，锦书难托，莫、莫、莫。

◇注释

[1] 黄縢（téng）酒：黄封酒，用黄纸或黄色罗绢封口的酒。

[2] 浥（yì）：沾湿。鲛绡：丝织的手帕。

◇译文

红润细腻的手里端着美酒，满城春色，你却像宫墙里的柳树一样遥不可及。东风是多么可恶，吹薄了欢情。满怀都是愁绪，几年来离群索居。只能感叹：错、错、错！

春色依然如旧，人却空自消瘦，泪水洗去脸上的胭脂，沾湿了手帕。桃花被风吹落在池塘楼阁。海誓山盟虽然还在，但是却难以托付书信。只能感叹：莫、莫、莫！

采桑子·三山山下闲居士

三山[1]山下闲居士，巾履[2]萧然，小醉闲眠，风引飞花落钓船。

◇注释

[1] 三山：指行宫山、石堰山、韩家山，位于镜湖边上，陆游在此修建别业。

[2] 巾履：头巾和鞋。

◇译文

三山山下清闲的居士，穿戴的头巾和鞋子都十分简朴。小醉后悠闲地睡去，风吹着花瓣落到了钓鱼船上。

长相思·云千重

云千重，水千重，身在千重云水中。月明收钓筒。

头未童[1]，耳未聋，得酒犹能双脸红。一尊谁与同？

◇注释

[1] 童：秃。

◇译文

云一层层，水一层层，我在这层层山水之中垂钓。月亮高挂才收起钓桶回家。

头还未秃，耳还未聋，喝了酒还能两颊发红。谁能陪我一起喝酒呢？

蝶恋花·桐叶晨飘蛩夜语

桐叶晨飘蛩[1]夜语。旅思秋光，黯黯长安路。忽记横戈盘马处。散关清渭应如故。

江海轻舟今已具。一卷兵书，叹息无人付。早信此生终不遇，常年悔草《长杨赋》。

◇注释

[1] 蛩（qióng）：蟋蟀。

◇译文

梧桐叶在清晨飘落，蟋蟀在夜晚悲鸣。羁旅的愁思和萧瑟的秋景使得通往帝都的路昏昏暗暗。忽然忆起当年纵横疆场的战斗生活。大散关上和渭水的战事应当依旧。

泛舟江海如今已成事实。唯有一卷兵书，叹息无人托付。如果早知道我得不到皇上的重视，我当年又何必写奏章去劝谏呢！

豆叶黄·一春常是雨和风

一春常是雨和风，风雨晴时春已空。谁惜泥沙万点红。恨难穷，恰似衰翁一世中。

◇译文

这个春天经常风雨交加，等到风雨停的时候春天已经过去了。谁去怜惜那些泥沙里的落花呢。愤恨难平，正如我这一生的遭遇。

好事近·小倦带馀酲

小倦带馀酲[1]，澹澹[2]数棂斜日。驱退睡魔十万，有双龙苍璧[3]。

少年莫笑老人衰，风味似平昔。扶杖冻云深处，探溪梅消息。

◇注释

[1] 酲（chéng）：喝醉了神志不清。

[2] 澹澹：恬静的样子。

[3] 双龙苍璧：宋代的两种茶。

◇译文

酒醉后有些倦意，静静地数着窗棂上透过来的余晖。喝了双龙和苍璧茶后，睡意全无。

少年莫要笑我老，我的风采还一如往昔。拄着拐杖到浓云深处，看溪边梅花是否开放。

极相思·江头疏雨轻烟

江头疏雨轻烟，寒食落花天。翻红坠素，残霞暗锦，一段凄然。

惆怅东君[1]堪恨处，也不念、冷落樽前。那堪更看，漫空相趁[2]，柳絮榆钱。

◇注释

[1] 东君：传说中的太阳神，指太阳。

[2] 相趁：相伴相随。

◇译文

江边下着细雨，轻烟弥漫。寒食节正是落花时节。红花在风中飞舞，凋谢的花瓣落在地上，像锦缎一样的云霞渐渐暗淡，一派凄凉的景象。

可恨东君，也不念及我把酒临风的凄凉。更不忍看，漫天柳絮、榆钱相互追逐。

浪淘沙·丹阳[1]浮玉亭席上作

绿树暗长亭，几把离尊。《阳关》常恨不堪闻。何况今朝秋色里，身是行人。

清泪浥[2]罗巾，各自消魂。一江离恨恰平分。安得千寻横铁锁，截断烟津。

◇注释

[1] 丹阳：在今江苏省镇江市。

[2] 浥：湿润。

◇译文

绿树繁茂，浓荫遮蔽了长亭，宴席上几次举杯话别。常恨《阳关曲》太悲凉，让人不忍心听。何况是在今天这样的秋色里，身是远行人。

眼泪打湿了罗巾，人人都很伤心。一江的离愁别恨恰好够我们平分。到哪里去寻得横江的铁索，在渡口截断江流？

南乡子·早岁入皇州

早岁入皇州[1]，尊酒相逢尽胜流。三十年来真一梦，堪愁，客路萧萧两鬓秋。

蓬峤[2]偶重游，不待人嘲我自羞。看镜倚楼俱已矣，扁舟，月笛烟蓑万事休。

◇注释

[1] 皇州：指京城临安。

[2] 蓬峤：蓬莱仙山，此处代指临安。

◇译文

年少时到了临安，一起喝酒的都是名流。三十年恍如一梦，让人忧愁。客居他乡，路途漫漫，两鬓已经斑白。

如今又到了临安旧地重游。别人不嘲笑我，我自己都很羞愧。登楼照镜都是过去的事了，如今只能乘一叶扁舟消磨时光。在月光和笛声之中，忘怀世事。

南乡子·归梦寄吴樯

归梦寄吴樯[1]，水驿江程去路长。想见芳洲初系缆，斜阳，烟树参差认武昌。

愁鬓点新霜，曾是朝衣染御香[2]。重到故乡交旧少，凄凉，却恐他乡胜故乡。

◇注释

[1] 吴樯：来往于吴地的船只。

[2] 御香：皇宫里的熏香。这里指参见君王。

◇译文

将归乡之梦寄托在来往于吴地的船只，但路途遥远。想到船停靠在鹦鹉洲的时候，正是傍晚。烟树朦胧中可以辨认出到了武昌。

本已愁白的两鬓又增添了白发，曾经也穿着官服去参见君王。再次回到故乡还能有几个故交，心中无限凄凉。恐怕蜀地要胜过故乡了。

破阵子·仕至千钟良易

仕至千钟[1]良易，年过七十常稀。眼底荣华元是梦，身后声名不自知。营营端为谁？

幸有旗亭沽酒，何妨茧纸题诗。幽谷云萝朝采药，静院轩窗夕对棋。不归真个痴。

◇注释

[1] 千钟：千钟之禄，指高官优厚的俸禄。

◇译文

做官做到千钟之禄很容易，但活到七十岁的人很少。眼前的荣华富贵不过是一场梦而已，死后的声名不可自知。这样钻营奔波到底为了谁？

幸好能够到酒亭买酒，不如就在纸上题诗消遣。在藤萝缠绕的深山幽谷里采药，夕阳西下，在安静的院子里下棋。这样的日子还不归隐才真是傻。

鹊桥仙·华灯纵博

华灯纵博[1]，雕鞍驰射，谁记当年豪举。酒徒一半取封侯[2]，独去作江边渔父。

轻舟八尺，低篷三扇，占断蘋洲烟雨。镜湖元自属闲人，又何必官家赐与！

◇注释

[1] 博：博戏。古代赌输赢的游戏。

[2] 封侯：用东汉班超的典故，指取得功名富贵。班超出使西域，建立大功，被封为定远侯。

◇译文

在华美的灯光下尽情博戏，骑着骏马驰骋射猎，谁还记得当年的壮举。当年一起喝酒的同僚都取得了功名富贵，我只好归隐江边做渔翁。

轻盈的小舟，独享一江的烟雨。镜湖本来就属于我这样的闲人，又何必祈求君王赐予我呢！

秋波媚·七月十六日晚登高兴亭望长安南山

秋到边城角声哀，烽火照高台。悲歌击筑[1]，凭高酹酒，此兴悠哉。

多情谁似南山月，特地暮云开。灞桥烟柳，曲江[2]池馆，应待人来。

◇注释

[1] 筑：古代弦乐器，形状似筝。

[2] 曲江：在今陕西省西安市。因水流曲折，故称曲江。

◇译文

秋天的边关，号角声也变得哀伤，烽火照亮了高台。击筑高歌，登上高处，把酒洒在地上，兴致悠然。

谁能像南山的明月那样多情，将层层暮云拨开。灞桥边，翠柳如烟，曲江畔，清池馆阁，应该都在等着王师的到来。

鹊桥仙·夜闻杜鹃

茅檐人静，蓬窗灯暗，春晚连江风雨。林莺巢燕总无声，但月夜常啼杜宇。

催成清泪，惊残孤梦，又拣深枝飞去。故山犹自不堪听，况半世飘然羁旅。

◇译文

暮春时节，眺望江面，风雨连天，茅屋内人静灯暗。树林里的黄莺和燕子都停止了鸣叫，却经常能在月夜听到杜鹃啼叫。

杜鹃的啼叫催人泪下，惊扰了我的梦，又飞到别处去。在故乡尚且不堪听闻，何况漂泊了半生的我呢！

诉衷情·当年万里觅封侯

当年万里觅封侯，匹马戍梁州。关河梦断何处？尘暗旧貂裘。

胡未灭，鬓先秋，泪空流。此生谁料，心在天山，身老沧州！

◇译文

当年奔赴万里疆场，想要建功立业，单枪匹马戍守梁州。如今的军旅生活只能在梦中出现，醒来身在何处？破旧的貂皮衣上落满灰尘。

还未消灭金人，鬓发已斑白成霜，忧国的眼泪空自流淌。谁能料到我这一生，心一直在边关，人却老死在沧州。

诉衷情·青衫初入九重城

青衫初入九重城，结友尽豪英。蜡封夜半传檄[1]，驰骑谕[2]幽并。

时易失，志难成，鬓丝生。平章风月，弹压江山，别是功名！

◇注释

[1] 檄：古时征兵的文书。

[2] 谕：告诉。

◇译文

年轻时来到京城求取功名，结交的朋友都是英雄豪杰。半夜起草文书，驾马疾驰传告边关重镇。

时机易失，壮志难成，两鬓已生白发。写诗填词品评风月，指点江山，也是一种寻求功名的方式。

上西楼·江头绿暗红稀

江头绿暗红稀，燕交飞。忽到当年行处，恨依依。

洒清泪，叹人事，与心违。满酌玉壶花露[1]，送春归。

◇注释

[1] 花露：指酒。

◇译文

江边绿意盎然，红花凋零，燕子飞来飞去。忽然走到了当年来过的地方，长恨绵绵。

不禁流泪，悲叹人世间的事不尽如人愿。斟满一杯美酒，送别春天。

桃源忆故人·题华山图

中原当日三川震，关辅回头煨烬[1]。泪尽两河征镇，日望中兴运。

秋风霜满青青鬓，老却新丰英俊[2]。云外华山千仞，依旧无人问。

◇注释

[1] 煨（wēi）烬：烧成灰烬。

[2] 新丰英俊：指唐代马周。受到常何的举荐，深得太宗赏识。这里作者以马周自比，感叹遇不到常何那样的人举荐。

◇译文

当年中原三川之地受到金人进犯，关中一带被烧成灰烬。抗金志士泪洒两河，日日期望能收复失地，复兴国家。

如今有志之士渐渐衰老，两鬓如秋霜一样斑白。可沦陷的千仞华山，依然难以回归。

乌夜啼·世事从来惯见

世事从来惯见，吾生更欲何之。镜湖西畔秋千顷，鸥鹭共忘机[1]。

一枕蘋风午醉，二升菰米晨炊。故人莫讶音书绝，钓侣是新知。

◇注释

[1] 忘机：指没有巧诈的心思，与世无争。

◇译文

我这一生看惯了世间事，还想去哪里呢。镜湖西岸的秋景一望无际，我与鸥鹭一样与世无争。

午后的风吹过蘋草带来阵阵清香，让人沉醉，取两升菰米做早饭。老朋友你们不要惊讶为何音信断绝，只因我最近的新朋友是一起钓鱼的伙伴。

乌夜啼·园馆青林翠樾

园馆青林翠樾，衣巾细葛轻纨。好风吹散霏微雨，沙路喜新干。

小燕双飞水际，流莺百啭林端。投壶声断弹棋罢，闲展道书看。

◇译文

园林里树木青翠，穿着轻软的衣衫。一阵风吹散了霏霏细雨，沙路上水迹被风吹干。

一双燕子在水畔飞舞，黄莺在林间歌唱。投壶结束，弹棋已停，翻开道书闲看。

乌夜啼·题汉嘉东堂

檐角楠阴转日，楼前荔子吹花。鹧鸪声里霜天晚，叠鼓已催衙。

乡梦时来枕上，京书不到天涯。邦人讼少文移省[1]，闲院自煎茶。

◇注释

[1] 文移省：省去了许多文书往来。

◇译文

屋檐旁边楠树的绿荫随太阳转动，楼前的荔枝已经吐出花蕊。鹧鸪声中天色渐晚，鼓声催促着衙门里的官吏下班。

时常梦到家乡，京城的文书传不到我这远在天涯的小州郡。本州百姓没有什么诉讼案件，我便清闲地在院子里煮茶。

乌夜啼·纨扇婵娟素月

纨扇婵娟素月，纱巾缥缈轻烟。高槐叶长阴初合[1]，清润雨馀天。

弄笔斜行小草，钩帘浅醉闲眠。更无一点尘埃到，枕上听新蝉。

◇注释

[1] 阴初合：树荫遮满地面。

◇译文

细绢制成的团扇如一轮圆月，纱巾飘动像轻薄的烟雾。高大的槐树长出茂密的叶子，形成一片绿荫，雨后天气格外清凉滋润。

闲来无事，拿着笔写草书，微醉后放下帘子闲适地睡去。床上没有一丝尘埃，在枕头上听初夏的蝉鸣。

谢池春·壮岁从戎

壮岁从戎，曾是气吞残虏。阵云高、狼烟夜举。朱颜青鬓，拥雕戈西戍。笑儒冠自来多误。

功名梦断，却泛扁舟吴楚。漫悲歌、伤怀吊古。烟波无际，望秦关何处？叹流年又成虚度。

◇**译文**

壮年从戎，曾经有气吞敌人的气魄。战场上浓云密布，夜晚烽火四起。满面红光，鬓发乌黑，带着精美的戈戍守西陲。讥笑自古以来的书生人都耽误了宝贵的时光。

建功立业的梦想已经破灭，驾着一叶扁舟游历吴楚之地。漫无思绪地唱着悲凉的歌曲，伤心地凭吊古人。烟波浩渺无边，何时还能回到秦关？只能感叹年华虚度。

谢池春·七十衰翁

七十衰翁，不减少年豪气。似天山、凄凉病骥。铜驼荆棘[1]，洒临风清泪。甚情怀伴人儿戏。

如今何幸，作个故溪归计。鹤飞来、晴岚暖翠。玉壶春酒，约群仙同醉。洞天寒露桃[2]开未？

◇注释

[1] 铜驼荆棘：宫门外铜制的骆驼流落于荆棘中，形容国土沦陷后残破的景象。

[2] 露桃：桃树。

◇译文

七十岁的老翁，仍不减少年时的豪情壮志。但是身体就像行走天山上的凄凉病马。国土沦陷，临风流泪。在这样的局面下，哪还有心情陪别人游戏。

如今多幸运，做好了回归故乡、垂钓清溪的打算。白鹤在云彩和青山中飞舞。玉壶里装着美酒，约众位神仙同醉。家乡天气寒冷，不知道桃花是否已开？

夜游宫·记梦寄师伯浑

雪晓清笳乱起，梦游处、不知何地。铁骑无声望似水。想关河，雁门西，青海际。

睡觉[1]寒灯里。漏声断、月斜窗纸。自许封侯在万里。有谁知，鬓虽残，心未死！

◇注释

[1] 睡觉（jué）：睡醒。

◇译文

雪后的清晨，到处都是吹奏的胡笳之声。梦中不知到了何地，铁骑无数却没有声音，看着就像水面一样辽阔。我想这样的关河，应该在雁门关西边，青海的边际。

醒来只有一盏寒灯陪我。滴漏声已停，月光斜斜地透过窗纸。我自许在万里之外的战场封侯。有谁知道，我虽鬓发斑白，但为国杀敌的心却并未死去。

夜游宫·宫词

独夜寒侵翠被，奈幽梦、不成还起。欲写新愁泪溅纸。忆承恩，叹馀生，今至此。

蔌蔌灯花坠，问此际、报人何事？咫尺长门[1]过万里。恨君心，似危栏，难久倚。

◇注释

[1] 长门：汉代宫名。汉武帝时陈皇后失宠后居长门宫。

◇译文

孤独的夜晚，独拥翠被，辗转难眠，索性起身。想要写下最近的烦心事，泪水先滴落在纸上。回忆曾经得到帝王的恩宠，感叹现在竟到了这种地步。

灯花簌簌落下，这时候，谁能有消息报送给我？长门宫与未央宫近在咫尺，但好似相隔万里。只恨帝王的心，像是高楼的栏杆，不能长久地依靠。

鹧鸪天·家住苍烟落照间

家住苍烟落照间，丝毫尘事不相关。斟残玉瀣[1]行穿竹，卷罢《黄庭》卧看山。

贪啸傲，任衰残，不妨随处一开颜。元知造物心肠别，老却英雄似等闲。

◇注释

[1] 玉瀣（xiè）：酒名。

◇译文

家住在有着苍茫云气和落日晚照的地方，与世间琐事毫不相干。喝完玉瀣酒穿过竹林去散步，看完《黄庭经》躺下来看山。

贪图的是咏啸自得、无拘无束的生活，放任自己就这样衰老，不妨碍自己处处开心。本来知道上天的心思与寻常人不同，它就是要使英雄像平凡人一样无所作为地衰老。

鹧鸪天·葭萌驿作

看尽巴山看蜀山，子规江上过春残。惯眠古驿常安枕，熟听《阳关》不惨颜[1]。

慵服气[2]，懒烧丹，不妨青鬓戏人间。秘传一字神仙诀，说与君知只是顽。

◇注释

[1] 惨颜：面容凄惨。

[2] 服气：吞服自然精华之气，为道家的修炼方式之一。

◇译文

看完了巴山再看蜀山，杜鹃在江上啼叫，春天将要结束。常在驿馆居住，已经能够睡得安稳，听到熟悉的《阳关曲》也能淡然处之。

懒得去练习吐纳之法，也不想炼丹修行。年轻时不如游戏人间。告诉你我做神仙的秘诀，只有一个字——玩。

鹧鸪天·懒向青门学种瓜

懒向青门学种瓜[1]，只将渔钓送年华。双双新燕飞春岸，片片轻鸥落晚沙。

歌缥缈，橹呕哑，酒如清露鲊[2]如花。逢人问道归何处，笑指船儿此是家。

◇注释

[1] 青门学种瓜：汉代初年，广陵人召平为秦东陵侯，在长安城的青门外种瓜。

[2] 鲊（zhǎ）：腌制后的鱼。

◇译文

我不学召平一样在青门外种瓜，只将时间花费在钓鱼上。新燕双双在长满春草的河边飞来飞去，成片的鸥鸟落在傍晚的沙滩。

歌声缥缈，橹声吱呀，酒像清露，鲊鱼如花。遇到别人问我回哪里去，我笑着指着船儿说这里就是我家。